Christa Kernberger

L'ITALIANO NEL TURISMO

con la collaborazione di

Bachetti Pier Francesco - Rapi Ambra
Giuliani Elisabetta

Revisione linguistica: Bachetti Pier Francesco

Guerra Edizioni

Disegni: Donatella Marri

ISBN 88-7715-143-9

3.   2.   1.
2000   99   98   97   96

Si ringraziano i colleghi del COMITATO LINGUISTICO per aver sperimentato il testo durante i corsi.
Per suggerimenti di ogni genere scrivere a: COMITATO LINGUISTICO, Via
del Conventuccio 13, 06121 Perugia.

INDICE

Introduzione generale

L'Italiano nel Turismo:

Per adulti e studenti di qualsiasi nazionalità, debuttanti in lingua italiana, che vogliono entrare fin "da subito" nei meccanismi linguistici della cortesia alberghiera.

Il libro **L'Italiano nel Turismo** è stato ideato e sperimentato per i corsi di lingua italiana organizzati dal COMITATO LINGUISTICO di Perugia, corsi rivolti a coloro che lavorano nel campo turistico.

Le situazioni comunicative, ad es. ordinare al ristorante, chiedere informazioni di orari ferroviari ecc. non sono costruite a tavolino, ma riflettono la quotidianità degli interscambi linguistici nell'ambito del turismo in Italia. Comunque la simpatia e la praticità delle strategie di apprendimento utilizzate, consentono all'insegnante di ricreare, all'occorrenza, in classe, la linearità di quelle produttive situazioni.

Struttura dell'opera

a) Libro principale:	– presentazione di argomenti, testi e grammatica
	– esercizi relativi agli argomenti e ai testi per il fissaggio dei contenuti linguistici e comunicativi; a altri che prediligono la comunicazione (role-play) e la riflessione sulla lingua (esercizi a scelta multipla, di trasformazione ecc.)
	– particolare attenzione alla comprensione orale.
b) Libro degli esercizi:	– ulteriori esercizi per la lezione e per il lavoro autonomo a casa;
	– fissaggio, approfondimento, ampliamento e variazione degli argomenti, brani, funzioni comunicative e contenuti linguistici presentati nel libro di testo;
	– particolare attenzione alla comprensione scritta, alla conversazione semiguidata, alla produzione scritta a al lavoro con il lessico.
c) Audiocassetta:	– Tutti i dialoghi e sezioni di fonetica del libro principale sono registrati su audiocassetta. Inoltre, in ogni lezione del libro principale compaiono esercizi di comprensione orale il cui contenuto registrato è disponibile con l'audiocassetta.

Metodo di insegnamento

Dato che il processo di apprendimento varia da un gruppo di studenti a un altro **L'Italiano nel Turismo** si fa notare per la molteplicità dei metodi. Ogni insegnante, in base al principio: "È lecito ciò che serve", deve decidere secondo i bisogni linguistici dei discenti e gli obiettivi da raggiungere con loro, quale procedimento sia il migliore.

Il programma base viene svolto con il libro principale. Ma, per mantenere vivo l'interesse degli studenti, è necessaria una ricca gamma di esercizi: da quelli più strettamenti grammaticali a tanti altri che privilegiano la libera produzione orale e scritta, in modo che sia possibile ottenere lezioni vive ed interessanti. Tutte queste attività sono distribuite nell'ambito dei due libri. In particolare, nel libro degli esercizi si trovano aiuti per possibili abbinamenti, tutte le strategie fanno riferimento alle varie sezioni e numeri del libro principale per il quale sono concepiti, ma si lascia ampia libertà organizzativa all'insegnante.

Lessico

La progressione lessicale ne **L'Italiano nel Turismo** è intenzionalmente veloce affinché i discenti, per lo più molto motivati, possano arrivare presto a una certa competenza soprattutto comunicativa.

Parole nuove vengono introdotte tramite contesti situazionali, anche con mezzi visivi di supporto. Il vocabolario del libro degli esercizi è, per così dire, "controllato": si usa, salvo alcune eccezioni, solo quello del libro priciapale in modo da potenziare le possibilità comunicative degli studenti.

Inoltre è importante educare i discenti all'uso razionale del dizionario per favorire il lavoro autonomo a casa.

Per rielaborare e riutilizzare in maniera diversa i vocaboli **L'Italiano nel Turismo** offre diverse strategie:
- esercizi con parole derivate (cfr. libro LV/B5, LVI/C3)
- espressioni simili e sinonomi (cfr. libro LVI/B8)
- confronto di espressioni di registro diverso (cfr. libro LVII/A2)
- esercizi di sostituzione (cfr. libro LI/C5,6; LIII/C3)
- scelta tra risposte apparentemente simili (cfr. libro LII/B10)
- giochi di parole (cfr. libro LIII/C1)
- disegni su dettatura (cfr. libro LIV/A5)
- coordinazione di classi di parole uguali o diverse tra loro (cfr. libro LIII/A9).

La progressione grammaticale appare dapprima abbastanza veloce, perché nelle lezioni iniziali viene inserito, con una certa rapidità, un numero relativamente elevato di difficoltà che però i principianti affrontano di buon grado grazie alla loro grande motivazione. Le strutture grammaticali si trovano quasi sempre inserite in un contesto situazionale, mentre alcuni documenti sono costruiti appositamente per introdurre contenuti grammaticali.

Ne "L'Italiano per il Turismo" la grammatica non è l'obiettivo primario delle lezioni, ma un ausilio per un corretto uso della lingua. Nella progressione delle lezioni del libro principale non sono state inserite intenzionalmente liste di coniugazioni di verbi ecc. L'insegnante dovrebbe dare spiegazioni o rispondere alle domande solo quando lo ritiene necessario e quando gli studenti lo richiedono. Questo può variare da un gruppo di discenti all'altro e da un discente a un altro. Nel testo **L'Italiano nel Turismo** si è tentato di pilotare le domande sottolineando determinate difficoltà (vedi "osservate") perché capita spesso che quesiti grammaticali in gruppi eterogenei (partecipanti di diverse nazionalità con un differente iter scolastico) non vengano sempre sollevati al momento opportuno. Ad ogni modo, il bisogno piuttosto marcato di molti discenti di avere una grammatica di riferimento è stato soddisfatto con un pratico sommario grammaticale comprensivo di esempi e in parte con ulteriori spiegazioni contenute nell'appendice. Consapevolmente sono state omesse eccezioni. Ne **L'Italiano nel Turismo** i contenuti grammaticali sono applicabili sia in situazioni "comunicative" sia in situazioni prettamente "grammaticali" come gli "esercizi di grammatica" alla fine di ogni lezione nel libro degli esercizi con chiave. Questi ultimi possono essere usati in plenum in classe o come compiti a casa per esercitarsi ulteriormente.

Abilità della comprensione scritta

Per coloro che lavorano nel campo turistico lo sviluppo di questa abilità assume un significato particolare in quanto nella loro attività essi vengono a trovarsi spesso di fronte a documenti di diversa natura.

Ne **L'Italiano nel Turismo** si è tentato di trasmettere agli studenti strategie di decodificazione di un testo in modo che essi possano comprendere velocemente e con successo documenti interessanti che vanno anche al di là delle loro capacità linguistiche. A tal fine sono stati inseriti documenti autentici e materiale appositamente ideato che può comprendere fenomeni grammaticali e lessicali che esulano la progressione. L'obiettivo è inanzitutto la comprensione globale e non dettagliata del testo. Questo tipo di competenza nella lettura è importante e vale la pena trasmetterne le strategie, poiché l'esperienza insegna che la motivazione dei discenti aumenta quando essi si rendono conto che ben presto saranno in grado di capire brevi testi in italiano senza dover ricercare ogni vocabolo nel dizionario.

Procedimento:

- anticipazione, illustrazione della situazione; del tema ecc. anche nella madrelingua degli studenti tramite la descrizione del materiale sussidiario visivo;
- attivazione di conoscenze preesistenti; discussione del titolo;
- accertamento della comprensione anche delle domande chiave;
- messa in evidenza delle parole conosciute (!);

- formulazione di ipotesi. Se queste sono logiche il significato è stato afferrato al 90%, se non sono logiche, formulare altre ipotesi;
- spiegare solo se necessario le parole o farle ricercare nel dizionario.

Esercizi che accompagnano il lavoro sul testo

- classificare informazioni importanti ricavate dal testo (vedi E LIII/5; libro LIX/A2)
- ricavare da diversi riassunti quello più coerente pur nella sua sinteticità (vedi E LIX/7)
- rispondere a domande concernenti il testo (vedi E LVIII/9)
- operare una distinzione (scelta) tra le due alternative "vero/falso" (vedi E LII/1, LVII/6)

Abilità di comprensione orale

Innanzitutto, per gli operatori nel campo turistico, l'abilità della comprensione orale è indispensabile per il contatto con ospiti italiani. L'obiettivo è anche qui di nuovo la comprensione globale (ma poi anche dettagliata) di quanto viene detto. Per questo motivo in ogni unità didattica si trovano vari esercizi di ascolto che possono contenere espressioni nuove.

Espressione scritta e orale

Anche se **L'Italiano nel Turismo** è innanzi tutto un testo per la comunicazione orale, i discenti vengono sollecitati regolarmente a scrivere, perché da una parte la competenza nella produzione scritta per i lavoratori nelle professioni turistiche rappresenta un tipo di comunicazione importante e, dall'altra, l'esperienza ha dimostrato che anche l'espressione orale migliora notevolmente tramite l'esercizio scritto (domande/risposte, dialoghi, ecc.). Per quanto concerne quest'ultima abilità ne L'Italiano nel Turismo si è scelta la via di mezzo. I discenti vengono sollecitati a esprimersi correntemente e correttamente. Questo non significa che vengono costantemente allenati per essere perfetti. La costante correzione frena molti discenti adulti togliendo loro il gusto dell'uso comunicativo della lingua. Ad ogni modo i partecipanti devono invece imparare a utilizzare correttamente soprattutto quelle espressioni più ricorrenti nello svolgimento del loro lavoro. Per fare ciò vi è naturalmente la necessità di un allenamento sistematico anche nell'intonazione, perché forme, strutture tipicamente italiane appaiano spontanee. Per l'allenamento nell'espressione orale il testo offre numerosi esercizi, in parte guidati e in parte liberi.

Fonetica

Un capitolo di fonetica contrassegnato col simbolo ♪ conclude ogni singola lezione del libro principale. Scopo di questa sezione è di aiutare ad ottenere un accento abbastanza corretto. Infatti in uno studente adulto una pronuncia priva di accento è difficilmente raggiungibile e anche in coloro che sono di madrelingua italiana si possono notare diverse sfumature nella pronuncia (questo vale soprattutto per le vocali "e" e "o" che, a seconda delle regioni, vengono pronunciate chiuse o aperte).

Le sezioni di fonetica del libro principale trattano gli aspetti più importanti della pronuncia italiana e, tanto il professore che il discente, cercheranno insieme le parti che riterranno più opportuno esercitare. Inoltre la riproduzione corretta dei suoni è resa possiblile da un'attenta percezione di essi e per un'esatta percezione è necessario l'esercizio, perché determinati suoni stranieri che non esistono nella madrelingua spesso sono difficili da percepire e, conseguentemente, da riprodurre. A tal fine la sezione "Fonetica" contiene esercizi sulla identificazione e discriminazione di suoni.

— PRIMA UNITÀ —

A

A.1. Dialogo

- ● Ciao, sei nuovo qui?
- ○ Sì, sono il nuovo cuoco. Lavoro qui da ieri.
- ● Ah; mi chiamo Luisella, faccio la cameriera. E tu, come ti chiami?
- ○ Mi chiamo Gaetano. Di dove sei?
- ● Sono di Firenze, e tu?
- ○ Io sono di Napoli.
- ● Adesso ti saluto. Buon lavoro!
- ○ Altrettanto, a presto!

2. Esercizio

Presentatevi: Mi chiamo ...

Barman, cameriere, cameriera del piano, capo ricevimento, cuoco, segretaria, ragazzo d'albergo.

Formulate le domande e rispondete:

Che lavoro fai?

Faccio	
	il cuoco
	la cameriera
	il cameriere
	portiere di notte
	il direttore d'albergo
	la segretaria d'albergo
	l'operatore turistico
	il barman
	la governante
	l'impiegata
	il manager
	lo studente
	la studentessa

Sono	
	cuoco
	cameriera
	cameriere
	portiere di notte
	direttore d'albergo
	segretaria d'albergo
	operatore turistico
	barman
	governante
	impiegata
	manager
	studente
	studentessa

Di dove sei?   Sono di.............................

3. Completate il dialogo

● Ciao, sei nuovo qui?
○ No, ...qui da 3 anni.
● Ah, io ....nuova qui, ...la segretaria.
   ....Lucia.
○ Molto lieto. Io ....Andrea. .... di Milano.

> (Molto) lieto!
> Piacere!

4.a) Dialogo

● Buona sera, signora.
○ Buona sera! Lei è nuova?
● Sì, sono qui da ieri.
○ Come si chiama?
● Mi chiamo Valeria.
○ Di dove è?
● Sono di Perugia, ma ora abito qui.
○ Perugia, che bella città! C'è una famosa fontana, vero?
● Sì, la Fontana Maggiore.

4.b)

● Buon giorno, Valeria! Come sta?
○ Sto abbastanza bene, grazie. E Lei, signora?
● Non c'è male.

5. Esercizio

Formulate le domande. Trasformate le forme del "tu" in "Lei" e viceversa.

Esempio: Come ti chiami?

Come si chiama?

1. Di dove è, signor Serra?

.... Valeria?

2. Sei nuovo qui?

............?

3. È qui da ieri?

...........?

4. Come stai?

...........?

5. Dove abiti?

...........?

[cassette icon] **6. Ascoltate e variate il dialogo**

In albergo:

- ● Buon giorno. Mi chiamo Alessandrelli.
- ○ Per cortesia, può sillabare il nome?
- ● *A-L-E-S-S-A-N-D-R-E-L-L-I*
- ○ Grazie.

Per favore, può fare lo spelling?
Scusi, come si scrive?

[cassette icon] **7. L'alfabeto italiano**

a, b, c, d, e, f, g, h, i, (j), (k), l, m, n, o, p, q, r, s, t, u, v, (w), (x), (y),z

Di queste 26 lettere 21 sono nostre, 5 servono per trascrivere parole di origine greca, latina o straniera.

J, j (i lunga)	es. Jugoslavia, junior
K, k (cappa)	es. km (= chilometro), kg (= chilogrammo)
W, w (vu doppia)	es. whisky (uìschi)
	Western (western)
X, x (ics)	es. Texas, extra
Y, y (ìpsilon)	es. Yogurt, dry

B

[cassette icon] **1. Dialogo**

- ● Buon giorno.
- ○ Buon giorno, signore.
- ● Vorrei una camera singola con bagno per una settimana, è possibile?
- ○ Bagno con vasca o con doccia?
- ● Con doccia, per cortesia.
- ○ Sì, abbiamo la camera numero 101. È ancora libera. Ha un documento?
- ● Sì, ho il passaporto, prego.
- ○ Grazie.

Vorrei una camera singola senza bagno

| per una notte |
| per quindici giorni |
| per un mese |

Ho la | carta d'identità
la | patente

2. Completate il dialogo

● ....
○ ....signora.
● .... una camera doppia ....due settimane.
○ ....?
● Con............... , ...
○ Abbiamo ....n. 102. Ha un documento?
● ....

3. Osservate la carta d'identità e rispondete

Cognome PACIOSELLI	
Nome ROBERTA	
nato il 10.7.1965	
(atto n. 1373 P. 1 S. A)	
a PERUGIA (PERUGIA)	
Cittadinanza ITALIANA	
Residenza PERUGIA	
Via A.MANNA 57	
Stato civile NUBILE	
Professione IMP.AMM.CONCETTO	
CONNOTATI E CONTRASSEGNI SALIENTI	
Statura 1.68	
Capelli CASTANO SCURI	
Occhi CASTANI	
Segni particolari =======	

Firma del titolare

PERUGIA li 5 OTT. 1991

Impronta del dito indice sinistro

IL SINDACO
d'ordine del Sindaco
IL CAPO SEZIONE

● Come si chiama?
● Dove è nata?
● Dove abita?

4. Presentate

Esempio: *Questi sono Gaetano e Luisella. Lui è di Napoli, lei è di Firenze.*
Abitano a Roma.

Questo è il signor............................

....

È di ....

Abita a ....

Questa è ....

....

....

....

Questi sono...

Sono di...

Abitano a ....

Queste sono ....

Sono di ....

Abitano a ....

5. Chiedete informazioni nella vostra lingua e presentate il vostro vicino o la vostra vicina

Questo/a è

> il signor...
> la signora.../signorina ..
> il dottor .../la dottoressa ...
> l'avvocato ...
> l'ingegner ...
> il ragionier ...
> il professor .../ la professoressa ...
> l'architetto ...

Abita a ....

È nato/a a ....

6.a) Formulate dei minidialoghi come nell'esempio

● Scusi, Lei è francese?

○ Sì, sono francese.
○ No, sono polacco.

(Lei) è italiano/a?
(Lei) è straniero/a?
(Lei) è tedesco/a?
(Lei) è inglese?
(Lei) è olandese?
(Lei) è greco/a?
(Lei) è russo/a?

spagnolo/a?
svizzero/a?
austriaco/a?

b) Rispondete in base all'esempio

Lady Diana è austriaca? No, non è austriaca, è inglese.
Aristoteles Onassis è inglese?
Micheal Jackson è italiano?
Yassir Arafat è svedese?
Anita Eckberg è araba?
La signora Yoshiko Suzuki è finlandese?

C

1. Che cosa c'è in questi alberghi?

Osservate:
L'hôtel è a Montecatini
Nell'hôtel c'è una piscina

HÔTEL MANZONI
Montecatini Terme
2ª categoria, camere con bagno, telefono e TV, bambini fino a 4 anni gratis. Piscina con parco.

HÔTEL CAPO D'ORSO ★ ★ ★ ★
Sassari
50m dalla spiaggia. Campo da tennis e palestra. Camere con balcone e vista sul mare, ristorante con specialità di pesce.

Pensione ALPINI ★ ★
Roccaraso
Cucina casalinga con specialità del luogo, camere con acqua corrente, riscaldamento centralizzato; sala TV, si accettano cani e piccoli animali domestici.

WC	Gabinetto privato/Chambres avec WC/Rooms with toilet
TV	Apparecchio TV in tutte le camere/100% des chambres avec TV/All rooms with TV
🎾	Campo da tennis/Tennis/Outdoor tennis
📻	Apparecchio radio in tutte le camere/100% des chambres avec radio/All rooms with radio
☎	Telefono in tutte le camere/100% des cambres avec telephone/All rooms with telephone

Parrucchiere/Coifffeur/Hairdresser

Autorimessa dell'esercizio/Garage privé/Hotel garage

Ascensore/Ascenseur/Lift

Golf

Campi da tennis coperti/Tennis couvert/Indoor tennis

Piscina/Piscine/Outdoor swimming pool

Piscina coperta/Piscine couverte/Indoor swimming pool

Sauna

Terme/Thermes/Thermal springs

Centro/Centre/Center

Frigobar

Aria Condizionata/Air condition

Ristorante/Restaurant/Restaurant

2. Spiegate che cosa offrono questi alberghi?

Hotel Centrale _____

Grand-Hotel IL PRINCIPE_____

Pensione Primavera_____

Albergo Lago Maggiore _____

3. Completate

L'Hotel si trova al [⊙] vicino alle [🛗] . L'albergo dispone di un

proprio [🎾] con [🏊] . Tutte le camere hanno [🛁] o [🚿] e

ogni camera è fornita di [📺] TV [🍸] e [☎] . [❄] in tutte

le camere. Il [🍴] dell'albergo offre gustosi piatti della cucina toscana.

4. In portineria

HOTEL "CENTRALE"

SÌ, CERTAMENTE

SÌ, SIGNORE!
IN TUTTE LE CAMERE
C'È L'ARIA CONDIZIONATA

PARLA ITALIANO?

C'È L'ARIA CONDIZIONATA NELLE CAMERE?

Osservate:		
a	+ il	= al
di	+ l'	= dell'
di	+ la	= della

Formulate le domande e rispondete:

Parla
| italiano
inglese
francese
tedesco?
spagnolo
russo
.... |

Sì, certamente.
No, mi dispiace.

C'è il garage?
   la TV nelle camere?
Ci sono i campi da tennis?
      le camere con bagno?
....

Sì, certamente.
No, mi dispiace.

5. Alla ricezione

Ascoltate il dialogo e compilate la scheda

Scheda di notificazione n._____

Cognome _____

Nome _____

Luogo di nascita _____

Data di nascita_____ Sesso _____

Cittadinanza _____
(solo per gli stranieri)

Residenza _____
(solo per gli italiani)

Docum. d'identificazione _____

N. R 229680L _____

Autorità Prefettura _____ Data _____

Arrivato il _____

🔲 **Fonetica**

6. Presentarsi
Ascoltate e completate la tabella

	Nome	cognome	residenza	camera n.
1.				
2.				
3.				

🔲 **1. Ascoltate [tʃ] o [ttʃ] ↔ [dʒ] o [ddʒ]** ♪

1.1. ● Ciao, sei di Perugia?   ○ No, sono di Riccione.

1.2. ['tʃao]   [per 'udʒa]   [ri 'ttʃone]

1.3. Dove sentite [tʃ] o [ttʃ]

    1. cena   scena   gemma   cielo
    2. gita   giro   città   ciccia
    3. cento   gente   certo   sceso
    4. già   c'è   ci   giù

1.4. Dove sentite [dʒ] o [ddʒ]

    1. Riccione   Genova   Gemona   Lecce
    2. Foggia   Brescia   Piacenza   Cefalù
    3. Vercelli   Reggio   Chioggia   Sicilia
    4. Agrigento   Gela   Cesena   Ascoli Piceno

🔲 **2. Ripetete**

2.1. Domandate   2.2. Rispondete

          Perugia?   Riccione.

       di Perugia?   di Riccione.

    sei di Perugia?   sono di Riccione.

Ciao, sei di Perugia?   No, sono di Riccione.

A

1. Come apparecchiare la tavola

Siamo nella sala da pranzo. C'è il capocameriere (maître) e ci sono tutti i camerieri. I camerieri preparano i tavoli: prima mettono le tovaglie, poi apparecchiano. Mettono le posate, i piatti piani e sopra i piatti piani mettono i piatti fondi.
Sopra i piatti fondi mettono i tovaglioli.

Capocameriere:	Allora, le forchette vanno sempre a sinistra e i coltelli sempre a destra.
Pino:	Sì, certo, e anche il cucchiaio va a destra.
Capocameriere:	E i bicchieri, dove si mettono?
Andrea:	Sempre a destra, naturalmente.
Capocameriere:	Sapete anche dove si mette il ménage?
Pino:	Il ménage si mette in alto, tra i bicchieri e i fiori.

> *Osservate:*
> Il ménage si mette in alto
> I bicchieri si mettono a destra

2. L'argenteria in una sala ristorante:

Cucchiai da tavola
Forchette da tavola
Coltelli da tavola
Cucchiai da dessert
Forchette da dessert
Coltelli da dessert
Forchette da pesce
Coltelli da pesce
Cucchiaini da caffè

3. La cristalleria

Bicchiere da acqua
Bicchiere da vino bianco
Bicchiere da vino rosso
Calice da champagne o spumante (flûte)
Caraffa per acqua

4. Descrivete la mise en place:

Il ménage è | *in alto*
tra | il bicchiere e i fiori

_____

_____

_____

_____

_____

_____

5. "DA" e "DI" Completate come negli esempi

Questo è un bicchiere da vino.

Questo è un bicchiere di vino.

Quello è un boccale da birra.

Quello è un boccale di birra.

tazza - tè _____

tazzina - caffè _____

tazzina - caffè _____

bottiglia - vino _____

tazza - tè _____

cucchiaio - minestra _____

bottiglia - vino _____

piattino - dessert_____

cucchiaio - tavola _____

piattino - dessert _____

cono - gelato _____

coppetta - gelato _____

bustina tè _____

6. Combinate

Esempio: *una bottiglia di vino*

DI

Una bottiglia	caffè
una tazza	succo di frutta
un bicchiere	vino
una caraffa	acqua naturale
un boccale	birra
un cono	acqua minerale gassata
una coppetta	gelato
una bustina	spremuta di arance
un calice	zucchero
una caraffa	tè
	spumante

2

B

1. Dialogo

Maître:	Oggi nella sala grande c'è un ricevimento. Comincia-te a preparare i tavoli!
Cameriere:	Quanti sono gli ospiti?
Maître:	Ci sono cento adulti: Cinquantacinque signore e quarantacinque signori.
Cameriere:	E ci sono anche bambini?
Maître:	Sì, ci sono nove bambini.
Cameriere:	55 signore, 45 signori e 9 bambini. Allora preparia-mo i tavoli per centonove ospiti.

2. I Numeri

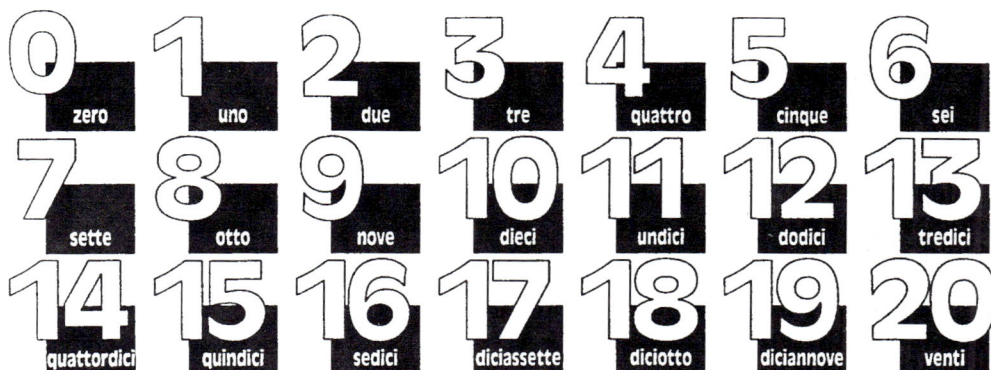

0 zero	1 uno	2 due	3 tre
4 quattro	5 cinque	6 sei	7 sette
8 otto	9 nove	10 dieci	11 undici
12 dodici	13 tredici	14 quattordici	15 quindici
16 sedici	17 diciassette	18 diciotto	19 diciannove
20 venti			

Nota

21	ventuno	80	ottanta	1000	mille
30	trenta	90	novanta	2000	due mila
31	trentuno	100	cento	1000000	un milione
40	quaranta	101	centouno		
50	cinquanta	200	duecento		
60	sessanta				
70	settanta				

3. Esercizio: Quanto fa?

1. +

2. +   due più due fa quattro

3. +

4. + +

4. Osservate il prospetto, fate domande e rispondete utilizzando i suggerimenti

Cat.	Località	🛏 Min. - Max.	🛏🛏 Min. - Max.	🛏✕ Min. - Max.	½🛏✕ Min. - Max.	Servizi
	PERUGIA m 493 ✉ 06100 ☎ 075 APT ✈ Perugia Stazione					
★★★ ★★ L	**BRUFANI** (24-47) B.17, D.7 Piazza Italia, 12 - CAP 06121 Tel. 62541, Fax 5720210, Tlx 662104 BRUFAN I	185.000/280.000	250.000/380.000	–	–	
★★ ★★	**DECO HOTEL** (15-25) D.19 Via del Pastificio, 8 - Loc. Ponte San Giovanni CAP 06087 - Tel. e Fax 5990950	c.b. 120.000	150.000	150.000	130.000	
★★ ★★	**FORTUNA** (33-61) B.2, D.32 Via Bonazzi, 19 - CAP 06123 Tel. 5722845, Fax 65040	c.b. 72.000/98.000	116.000/162.000	–	–	
★★ ★★	**GIO' ARTE E VINI** (97-184) B.20, D.77 Via R. D'Andreotto - CAP 06124 Tel. e Fax 5731100	c.b. 75.000/100.000	95.000/160.000	110.000/150.000	90.000/110.000	
★★ ★★	**GRIFONE** (50-80) B.12, D.38 Via S. Pellico, 1 - CAP 06126 Tel. 5837616, Fax 5837619	c.b. 69.000/115.000	99.000/160.000	99.000/160.000	74.000/135.000	
★★ ★★	**HIT** (80-152) D.80 Str. Trasimeno Ovest, 159z/10 - CAP 06074 Tel. 5179247, Fax 5178947, Tlx 661033 HITHOT	c.b. 105.000	143.000	150.000	120.000	
★★ ★★	**IL CASTELLARO** (9-18) B.2, D.7 Str. Ponte Felcino-Ponte Pattoli - Loc. Cordigliano CAP 06153 - Tel. 5941166, Fax 5002870	c.b. –	150.000/240.000	170.000/230.000	130.000/190.000	
★★ ★★	**LA ROSETTA** (95-162) B.59, D.30 Piazza Italia, 19 - CAP 06121 Tel. e Fax 5720841, Tlx 660405 HTL ROS I	c.b. 85.000/100.000 s.b. 70.000/75.000	160.000/235.000 90.000/95.000	167.000/187.000 132.000/162.000	131.000/151.000 96.000/126.000	
★★ ★★	**LOCANDA DELLA POSTA** (40-69) B.34, D.5 Corso Vannucci, 97 - CAP 06121 Tel. 5728925, Fax 5722413	c.b. 150.000/187.000	200.000/275.000	–	–	
★★ ★★	**PARK HOTEL** (137-258) B.17, D.122 Via A. Volta, 1 - Loc. P.S. Giovanni - CAP 06087 Tel. 5990444, Fax 5990456, Tlx 660112 HL PARK	c.b. 85.000/110.000	120.000/165.000	115.000/165.000	80.000/130.000	
★★ ★★	**PERUGIA PLAZA HOTEL** (108-208) B.101, D.7 Via Palermo, 88 - CAP 06129 Tel. 34643, Fax 30863, Tlx 661165 PERHOT I,	c.b. 70.000/166.000	84.000/204.000	114.000/262.000	86.000/222.000	

- Quanto costa una camera singola all'hôtel...?
- Quale è il prezzo di una camera doppia

con bagno/doccia all'hôtel ?
senza bagno/doccia
con pensione completa

- Quale è il numero di telefono dell'hôtel .....?

5. Che cosa c'è sul tavolo prima e dopo il ricevimento?

Nella sala grande c'è un ricevimento per 109 persone. I camerieri preparano un tavolo molto lungo. Sul tavolo mettono molte cose: piatti...

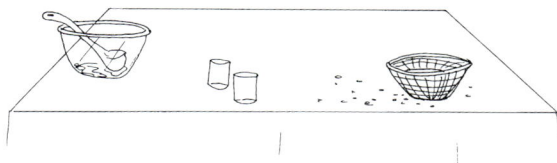

Dopo il ricevimento i piatti ci sono ancora, ed anche .... ci sono ancora. Ma non c'è più il vino, non ci sono più...

Osservate

| I piatti | non | ci sono | ancora. |
| Il vino | | c'è | più |

6. Descrivete le vignette

7. Ascoltate due modi di apparecchiare e scrivete a quale modo corrisponde ciascun disegno

A

B

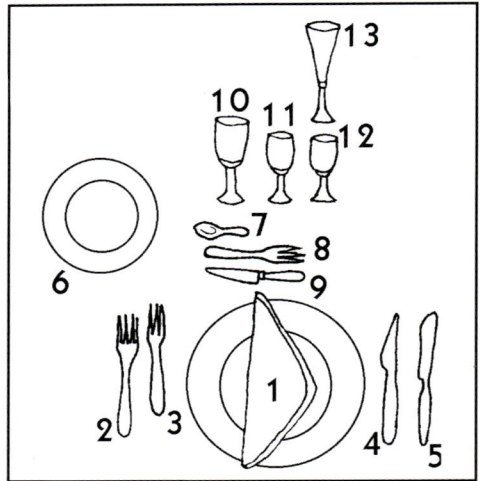

8. Descrivete la disposizione delle varie componenti dell'albergo secondo la piantina:

Esempio: *I tassì sono davanti all'ingresso principale.*

L'agenzia di viaggio Il bar I bagni Il soggiorno	si trova è si trovano	proprio direttamente	vicino a accanto a dietro a destra di in di fronte a in fondo a

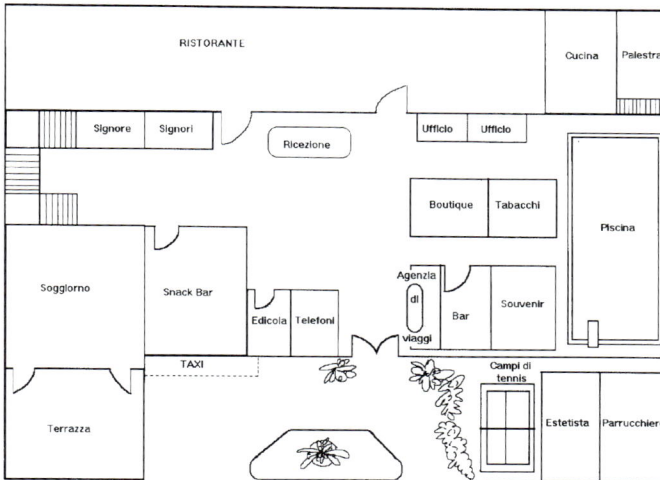

9. Osservate la piantina e completate i dialoghi

Ospite:	Scusi, c'è un'agenzia di viaggi in questo albergo?
Portiere:	Sì, signore. È ...

Ospite:	Senta, devo fare una telefonata. C'è una cabina telefonica o devo tornare in camera?
Portiere:	Non è necessario, signora. ...

Ospite:	Scusi, dove posso trovare un giornale tedesco?
Portiere:	...

Ospite:	Senta, vorrei mangiare un panino.
Portiere:	...

10. Cercate la risposta giusta:

1. Ha per caso un gettone?
2. Dove si può mangiare?
3. Vorrei comprare un souvenir.
4. Dove posso lasciare il cappotto?
5. C'è una lettera per me?
6. Posso avere la chiave della mia camera?
7. È possibile trovare giornali inglesi qui?
8. Scusi, ha spiccioli?

a) No, purtroppo no. Forse il collega.
b) Vicino all'ingresso c'è un'edicola.
c) Nel ristorante dell'albergo.
d) Sì, alla ricezione.
e) Qui, direttamente accanto alla ricezione.
f) Può farlo nella galleria negozi.
g) No, ma un telegramma.
i) Là in fondo c'è il guardaroba.

1	a
2	
3	
4	
5	
6	
7	
8	

C

1. Come si telefona dalla stanza d'albergo:

Esempio: *Per chiamare il portiere di notte si compone il 3 0 0*

☆ ☆ ☆

nuovo hotel clitunno

Spoleto

PER CHIAMARE - TO CALL ZUM AN RUFEN - POUR APPELER	
PORTIERE DI NOTTE - NIGHT SERVICE NACHT PORTIER - SERVICE DE NUIT	300
CAMERIERA DI PIANI - CHAMBER MAID ZIMMERMÄDCHEN - FEMME DE CHAMBRE	301
CUCINA - KITCHEN KÜCHE - CUISINE	302
BAR	302
TELEFONISTA - TELEPHONIST TELEPHONIST - TELEPHONIST	9
PER URBANE O TELESEZIONE FOR LOCAL OR LONG DISTANCE CALL POUR COMMUNICATIONS URBAINES INTER. FÜR ORTS ODER FERNGESPRÄCHE	0

INTERNATIONAL: prefissi - code - prefixe - vorvall

Osterreich	0043	Great Britain	0044
Belgique	0032	Greece	0030
France	0033	Sweden	0046
Deutschland	0049	Suisse	0041
Yugoslavia	0038	U.S.A.	001

PER COMUNICARE CON GLI INTERNI,
COMPORRE IL NUMERO DELLA CAMERA
TO CALL THE INTERNALS, DIAL THE ROOM NUMBER
FÜR INTERNE ANRUFE, ZIMMERNUMMER WÄHLEN
POUR COMMUNIQUER AVEC LES CHAMBRES,
COMPOSER LEUR NUMÉRO

Piazza Sordini, n. 6 - 06049 Spoleto (Pg)
Tel. 0743 - 225340 - Fax 0743 - 222663

2. Ed ora spiegate come si telefona nel vostro paese

3. Ascoltate e aggiungete il numero telefonico al posto giusto

Il telefono: un collaboratore sempre pronto	1661 1662... INFORMAZIONI SANITARIE	193-1 (MILANO) 193-2 (ROMA) BORSA	1992 RICETTE DIETETICHE
114 SVEGLIA	1664 FIABE DELLA BUONANOTTE	194 PERCORRIBILITA STRADE	1993 RICETTE INTERNAZIONALI
161 ORA ESATTA	1665 YES! CORSO BASE DI LINGUA INGLESE 1666 HELLO - CORSO AVANZATO DI LINGUA INGLESE	1951 OROSCOPO DI OGGI 1952 OROSCOPO DELLA SETTIMANA	1994 RICETTE SPRINT
162 NOTIZIARIO DELLA NEVE	1669 DISCHI DELLA SETTIMANA	196 BOLLETTINO NAUTICO	1995 RICETTE ANTICHE
1631 NOTIZIE SPORTIVE	190 ULTIME NOTIZIE RAI	197 CHIAMATE URGENTI	1996 RICETTE DI RISO
1635 IPPOTEL NOTIZIARIO IPPICO	1911 PREVISIONI METEOROLOGICHE	198 SPETTACOLI CINEMATOGRAFICI	1997 RICETTE VEGETARIANE
1637 TELESPRINT	192 FARMACIE DI TURNO	1991 RICETTE REGIONALI	1999 DRINKS

Per l'utilizzazione nelle diverse città consultare l'avantielenco

Servizi **1** SIP

Fonetica

1. Ascoltate

♪

1.1. ● Dove sono i tovaglioli?   ○ Sono sopra la tovaglia.

1.2.   [tovaʎdi]   [to'vaʎa]

1.3. Dove sentite [ʎ] come in "tovaglioli" o "tovaglia"?

1. bello	quaglia	quello	egli
2. voglio	moglie	molle	foglio
3. brillo	briglia	famiglia	fila
4. figlio	merlo	meglio	mela
5. togliere	brillare	scegliere	cogliere

2. Ripetete

2.1. Domandate

tovaglioli?

i tovaglioli?

sono i tovaglioli?

Dove sono i tovaglioli?

2.2. Rispondete

tovaglia.

la tovaglia.

sopra la tovaglia.

Sono sopra la tovaglia.

— TERZA UNITÀ —

A

1. La prima colazione

> *Osservate:*
> Gradisce del tè?
> Gradisce del caffè?

2. Ordinate una prima colazione

		con/senza	- /del/della	
Prendo Vorrei	un caffè un tè un succo di pompelmo un succo di arancia un latte una cioccolata una porzione di	latte limone panna zucchero dolcificante	miele marmellata burro formaggio pane bianco, (integrale, tostato) salame prosciutto pancetta	un uovo (in camicia, alla coque, sodo) muesli una brioche

3. Osservate lo stampato e descrivete le azioni

Il cliente ordina .../Il cameriere porta ...

Poignée
extérieure
de votre
porte
avant 2h30
s'il vous plait

Bitte
vor 2.30
Uhr aussen
an den
Tuerknopf
haengen

PERUGIA PLAZA HOTEL

A fin d'eviter toute erreur possible, nous vous remercions de remplir soigneusement cette commande de **PETIT DÉJEUNER** et **EXTRAS** en indiquant précisément la quantité désirée dans chaque case.

*Um moegliche Fehler zu vermeiden, bitten wir Sie, die Bestellung des **FRUEHSTUECKS** und der **EXTRAS** exakt in den vorgesehenen Feldern anzukreuzen.*

N. DE CHAMBRE	N. DE PERSONNES	DATE:
ZIMMER Nr.	PERSONENANZAHL	DATUM:

HEURE DE SERVICE DÉSIRÉE		
GEWUENSCHTE UHRZEIT		
7.00 - 7.30	7.30 - 8.00	8.00 - 8.30
8.30 - 9.00	9.00 - 9.30	9.30 - 10.00

○ PETIT DÉJEUNER CONTINENTAL SERVICE	Lit. 14.000	FRUEHSTUECK SERVICE	Lit. 6.000
○ Espresso		○ Espresso	
✗ Cappuccino		○ Cappuccino	
○ Café au lait		○ Kaffee mit Milch	
○ Thè citron ○ Thè au lait		○ Tee mit Zitrone ○ Tee mit Milch	
○ Chocolat		○ Schokolade	
○ Lait froid ○ Lait chaud		○ Heisse Milch ○ Kalte Milch	
Ø Jus de fruit ✗ Orange ☐ Pamplemousse		○ Obstsaft ☐ Orangensaft ☐ Grapefruit	
avec corbeille à pain e croissant beure, confiture, miel		mit Brotkoerbchen, Croissant, Butter, Marmelade, Honig	

EXTRAS (SERVICE INCLUS)	N.	PRIX PREIS	SUMME LIT. TOTAL LIT.	**EXTRAS** (SERVICE INKLUSIVE)	
○ Oeufs à la coque ¿ min.		6.000		○ Gekochte Eier ___ min.	
○ Oeufs brouillés		6.000		○ Ruehreier	
○ Oeufs avec bacon		9.000		○ Eier mit Speck	
○ Oeufs avec jambon		9.000		○ Eier mit Schinken	
○ Fromage		8.000		○ Kaese	
Ø Jambon de Parma		10.000		○ Parma - Schinken	
○ Cornflakes		5.000		○ Cornflakes	
○ Jus de fruits, frais pressés		5.000		○ Frisch gepresste, Obstsaefte	
(orange. citron. pamplemousse)				(Orange, Zitrone, Grapefruit)	
○ Jus de fruits		4.000		○ Obstsaefte	
○ Yaourt		4.000		○ Joghurt	
○ Chocolat chaud		3.500		○ Heisse Schokolade	
○ Espresso		3.000		○ Espresso	
○ Cappuccino		3.500		○ Cappuccino	
○ Thè citron ○ au lait		3.500		○ Tee Zitrone ○ Milch	
○ Croissant		2.500		○ Croissant	
○ Compote ou fruits au sirop		7.000		○ Compote oder obst in sirup	

4. Gioco a catena

1. studente: Prendo un cappuccino.
2. studente: Prendo un cappuccino ed una brioche.
3. studente: Prendo un cappuccino, una brioche e del salame.
4. studente: ....

un cappuccino	del formaggio
una brioche	del burro
del salame	della marmellata
della frutta	un panino

5. Abbinate gli aggettivi ai sostantivi

fresco/a

dolce

caldo/fumante

croccante

vecchio/a

acido/a

freddo/a

molle

duro/a

forte

cattivo/a

buono/a

morbido/a

leggero/a

l'uovo
il panino
il tè
il caffè
il latte
la marmellata
il miele
il pane

3

6. Descrivete la colazione ideale

I panini sono freschi, il caffè è ...

7. Dialogo

● Cameriere, senta!
○ Buon giorno, dica.
● Mi porti un cappuccino con molta schiuma, per cortesia.
♣ Per me un succo di pompelmo
○ E da mangiare, cosa gradiscono?
● Io niente, e tu, mangi qualcosa?
♣ Sì, mi porti un cornetto, per favore!

8. E adesso provate voi

un tè
un bicchiere di latte
una brioche
...

Osservate:
senta!
dica!
mi porti...!

9. Combinate

1 Io bevo
2 Desideriamo
3 Prende
4 Mi porti per favore
5 Gradisce
6 Vorrei
7 Mangiamo
8 Beviamo

a una pasta
b del dolce
c un uovo
d un toast
e un bicchiere di vino
f le posate
g un succo d'arancia
i uno yogurt

1	e
2	
3	
4	
5	
6	
7	
8	

10. Formate dei minidialoghi in base all'esempio

Esempio:
● Vuole un po' di zucchero?
○ Sì, grazie, ne prendo 2 cucchiaini.

un po' di/della/ del   marmellata   un cucchiaino
formaggio   un pezzetto
succo di pompelmo   un bicchiere
salame   due fette
...   ...

B

1. La prima colazione nel mondo

Buon giorno. Mi chiamo Giuseppe. Sono di Maglie in provincia di Lecce. Per prima colazione prendo solo un caffè. Verso le 11 vado al bar e mangio un cornetto.

Ciao. Sono Tayfun e vengo da Ankara. Noi turchi per prima colazione mangiamo formaggio pecorino e olive.

Io sono di Leningrado e mi chiamo Nadja. Per noi la prima colazione è il pasto più importante della giornata: mangiamo Kasca (riso bollito nel latte), pane con burro e marmellata, carne o salame, verdura, formaggio, prosciutto e con tutto questo beviamo il caffè o il tè.

Il mio nome è Shin Won-Chul. Sono della Corea del Sud. Da noi per prima colazione si mangia molto: riso bianco, uova lesse e "Gim Chi", una verdura molto piccante. Beviamo caffè o tè coreano.

2. Domandate e rispondete

Che cosa si mangia in ...?
Che cosa si beve in ...?
Che cosa si mangia/beve qui?

3. Domandate al vostro vicino/alla vostra vicina

Cosa mangi per prima colazione? Mangio ...
Cosa ...

4. Domandate e rispondete

● Che cosa preferisce, signore? Pane o brioches?
○ Non so... sono indeciso.
● Allora prenda le brioches; sono molto fresche.

● Cosa preferisce, signorina? Caffè o tè?
○ ...
● ...

> *Caffè o tè*
> *Prosciutto o salame*
> *Marmellata o miele*
> *Formaggio o salame*
> *Pane bianco o pane integrale*

C

1. Ordinate cose pazze

Esempio: Vorrei un bicchiere di burro, e tu?
          Io prendo un pezzo di caffè.

2. Lettura

A PERUGIA

Va a milletrecento lire la tazzina del caffè dei bar del centro

PERUGIA - Da stamattina è in vigore il nuovo listino-prezzi per le consumazioni; adesso la tazzina di caffè si paga mille-trecento lire; certo i consumatori di caffè di questa città non sono contenti. Come si sa gli italiani in genere amano prende-re un caffè anche tre volte in una matti-nata. Sapete che gli italiani hanno la cultura del caffe? È infatti l'unico paese al mondo che distingue tra "alto", "bas-so", "lungo", "ristretto", "macchiato". C'è però una consolazione: resta invariato il prezzo del cornetto; aumenta invece quello della pasta (1300 lire); aumentano poi tutte le bibite e gli aperitivi e natural-mente anche il cappuccino.

Listino prezzi 19..

caffè	L. 800
cappuccino	L. 1.000
cornetto	L. 1.100
pasta	L. 1.100
aperitivo	L. 1.800
coca cola	L. 1.500
sprite	L. 1.400

Listino prezzi 19..

caffè	L. 1.300
cappuccino	L. 1.600
cornetto	L. 1.100
pasta	L. 1.300
aperitivo	L. 2.200
coca cola	L. 1.700
sprite	L. 1.600

Paragonate i due listini. Cosa è avvenuto?

	aumentato	invariato
caffe	X	
cornetto		
pasta		
aperitivo		
cappuccino		
bibite		

3. Ascoltate e completate le ordinazioni

1. ● Pronto!
   ○ Buon giorno. Vorrei ordinare ....
   ● Dica, prego!
   ○ .... per due persone, ..., ... e ....
   ● Grazie.

2. ● Buon giorno!
   ○ Buon giorno. ...., per favore e ....
   - Per me ....
   ○ Macchiato con latte caldo o con latte freddo?
   - Con ...., per favore.

3. ● Pronto!
   ○ Buon giorno. Vorrei fare colazione ....
   ● Che cosa gradisce?
   ○ ....,................ e ....
   ● Desidera anche del caffè o del tè?
   ○ Sì, ... per favore.

4. ● Buon giorno. I signori desiderano?
   ○ Vorremmo fare colazione. Ci porti ...., per favore.
   ● E da mangiare, che cosa gradiscono?
   ○ Del ...., e del .... anche ....
   ● Io vorrei del .... con .... e ....

5. ● Buon giorno. Desiderano fare colazione?
   ○ Sì, ci porti .... e .... per favore.
   ● E per il bambino?
   ○ Del .... e dei ....

3

![cassette icon] **Fonetica**   ♪

1. Ascoltate

1.1. ● Quanti cuochi ci sono?   ○ Quarantacinque circa.

1.2.   ['ku̯anti]   [ku̯a'ranta tʃinku̯e]

1.3. Dove sentite [ku̯] come in "quanti"?

1. cui	qui	questo	quando
2. scuola	squadra	squalo	scudo
3. cinque	anguilla	qualunque	cuore
4. cuocere	squillare	quietare	cucinare
5. questione	chiesa	questura	quinto

2. Ripetete

2.1. Domandate

Quanti?

Quanti cuochi?

Quanti cuochi ci sono?

2.2. Rispondete

Quaranta...

Quarantacinque

Quarantacinque circa.

— QUARTA UNITÀ —

A

1. Una settimana tipica di Pino

E' lunedì. Pino va a lavorare. Sono le dieci e Pino comincia già a preparare i tavoli per il pranzo. Il martedì mattina Pino ha molto da fare, perché c'è un ricevimento per 150 ospiti.

Il mercoledì è libero. Dorme fino a tardi. Poi, il pomeriggio, va in città a fare le spese. Il giovedì è di turno alle piccole colazioni, quindi va al lavoro molto presto. Il venerdì lavora la sera. Va a letto molto tardi.

Il sabato è molto contento perché la sera va in discoteca.

La domenica Pino ha molto lavoro perché deve servire a un matrimonio.

2. Leggete e annotate cosa fa Valeria durante la settimana

Il lunedì ...
Il martedì ...

3. L'orologio

Che ore sono?

Sono le due.
  "   le quattordici

Sono le due e un quarto.
  "   "   "   " quindici

Sono le due e mezzo.
  "   "   " e trenta

Sono le tre meno un quarto.
  "   " due e quarantacinque

E' mezzogiorno/mezzanotte. È l'una.

1. 20.50	Sono le	
2. 19.30	....	
3. 13.20	....	
4. 8.15	....	
5. 11.45	....	
6. 0.00	....	

> *Osservate:*
>
> Dall'una del pomeriggio fino a mezzanotte si può dire: sono le tredici, le quattordici ecc. ...

4. Che ore sono a ...?

A Roma è mezzanotte. Che ore sono a New York e a Shangai?
A New York sono soltanto le 18.00 e a Shangai sono già le 7.00.

COMPARAZIONE TEMPO ORARIO

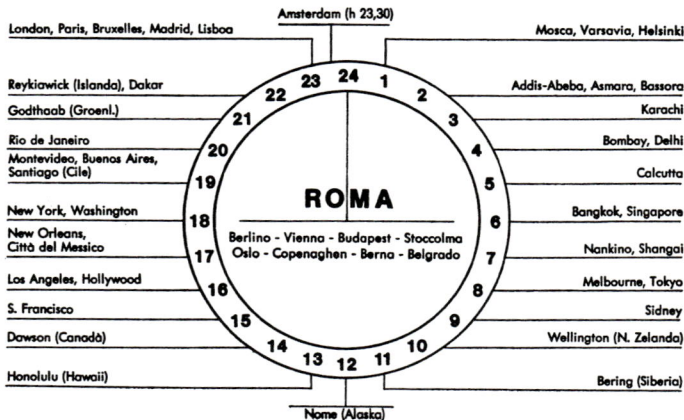

5. Ascoltate e disegnate l'ora

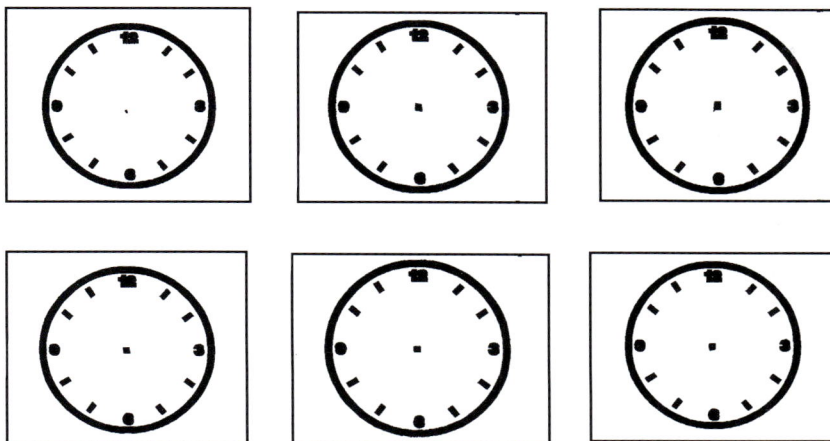

6. A che ora il portiere deve svegliare i signori?
   Domandate e rispondete

Data:		
Ora	Nome	Camera
6.00	Sig.a Bianchi	204
6.30		
6.45	Mr. Smith, rag. Lampone	305, 202
7.00	Dott. Ansidei	304
7.15	Prof. Merli, dott.ssa Rinaldi	308, 309
7.30		
7.45	Sig.a Battisti	206
8.00	Sig. Rosi, sig.na Müller	203, 307

7. Alla stazione

● Scusi, quando c'è un treno per Vienna?

○ Vuole partire la mattina?
● Sì.
○ Ce n'è uno la mattina presto, alle 6.36. Deve cambiare a Firenze però.
● Il treno a che ora arriva a Firenze?
○ Alle 9.20. E alle 20.23 è a Vienna.

● Mi sa dire quando c'è un treno per Roma? Vorrei partire nella tarda mattinata.
○ Alle 11.30 c'è un treno locale fino a Terontola. Lì deve cambiare.
● A che ora arriva a Terontola?
○ Alle 12.08 e alle 12.32 ha la coincidenza per Roma. L'arrivo a Roma è alle 14.35.

8. Variate i dialoghi

Senta, vorrei un'informazione, per cortesia.

Scusi, vorrei sapere .....

Vorrei partire nel primo pomeriggio per ...
         la sera ....

C'è un Diretto alle ...
       Intercity ....
Il treno parte dal binario...

RITORNO		P 603 ① Ⓡ R D R	E 211 D R IC591 Ⓡ	IC 611 ② D D	IC 613
TORINO	p.		6.35	8.17	
ASTI	p.		7.12	8.48	
ALESSANDRIA	p.		7.40	9.10	
GENOVA PP.	p.	6.02	8.34	9.55	12.05
LA SPEZIA	p.	7.09	9.53	11.25	13.21
PISA	a.	7.56	11.01	12.15	14.08
PISA	p.	8.04	11.25	12.46	
FIRENZE	a.	9.14	12.23	13.39	
FIRENZE	p.	10.40	12.45	14.18	
TERONTOLA	a.	12.19	14.52	15.41	
TERONTOLA	p.	12.31	15.32	15.45	
PERUGIA	a.	13.12	16.00	16.26	

NOTE: I numeri in neretto corsivo indicano coincidenze con cambio treno.
— = Cambio treno; R = Reg.le; IR = Interreg.; D = Diretto; E = Espresso; IC = Gli IC sono a prenotazione gratuita. × Feriale

Da PERUGIA per FIRENZE - PISA - GENOVA - TORINO e viceversa

ANDATA		D D IC 602	IR 2044	R D D IC 606 ①	IR 2046	R R D R	R D R IC 612	IR 2048	D D E 362	R D R IC 614	D D IR	E 210	D D IR 2052
PERUGIA	p.	6.34		7.45		8.51	11.11		12.36	13.49	14.48		16.34
TERONTOLA	a.	7.14		8.26		9.34	11.53		13.16	14.32	15.25		17.16
TERONTOLA	p.	7.18		8.36		9.48	12.25		13.19	14.37	15.31		17.24
FIRENZE	a.	8.42		10.16		11.42	13.57		14.47	16.11	16.48		18.46
FIRENZE	p.	9.00		11.00		12.00	14.10		15.00	16.30	17.00		19.00
PISA	a.	9.52		11.52		12.52	15.14		15.52	17.45	17.52		19.52
PISA	p.	10.42	10.51	12.04	12.13	13.20	15.45	15.57	16.09	18.08	18.34	19.40	20.07
LA SPEZIA	a.	11.33	11.48	12.54	13.10	14.45	16.35	16.54	17.07	18.56	19.31	20.33	21.04
GENOVA PP	a.	12.52	13.17	14.10	14.33		17.51	18.21	18.26	20.08	21.04	21.57	22.33
ALESSANDRIA	a.	13.42	14.12	14.55			18.38	19.21		20.53		22.58	23.29
ASTI	a.	14.02	14.34	15.15			18.57	19.42		21.12		23.20	23.52
TORINO	a.	14.40	15.14	15.54			19.32	20.25		21.48		23.59	033

NOTE: I numeri in neretto corsivo indicano coincidenze con cambio treno.
— = Cambio treno; R = Reg.le; IR = Interreg.; D = Diretto; E = Espresso; IC = Intercity.
Gli IC sono a prenotazione gratuita.

Ⓡ Prenotazione obbligatoria
× Feriale
P Pendolinoo

• Firenze Rifredi
① Sospeso il 25-12
② Sospeso il 24-12 e 31-12

B

1. Valeria si prepara per il lavoro

Oggi Valeria è di turno alle piccole colazioni. La sveglia suona alle 5.30.

Valeria si alza subito

si fa una doccia

e si lava i denti.

Poi si veste,

si pettina e

si trucca un po'.

Per prima colazione prende solo un po' di caffè e quindi è pronta per andare al lavoro.

2. Che cosa fanno Valeria e Gaetano la mattina?

Svegliarsi presto - alzarsi subito - farsi la doccia - pettinarsi - lavarsi i denti - farsi la barba - vestirsi - truccarsi - lavarsi -prepararsi per uscire

Valeria	Gaetano	Valeria e Gaetano
...		si alzano

3. Fate un'intervista

Scusi, signorina, a che ora si alza?
Mi alzo alle ...
Scusi, signore, si fa la doccia con l'acqua fredda?
Sì/no...

4. In portineria

● Signora Bianchi, a che ora vuole lasciare l'albergo?
○ Presto, verso le sette. Ma non ho la sveglia.
  Mi può svegliare Lei?
○ Certamente. A che ora La devo svegliare?
● Alle sei.

> *Osservate:* Signora,   a che ora La devo svegliare?
>   Professore,   a che ora La devo svegliare?

5. Osservate il foglio «sveglie» a pag. 51, domandate e rispondete

Professor Merli, a che ora La devo svegliare?
Alle ....

6. Dialogo

● Luisella, vuoi venire al cinema stasera?
○ Cosa c'è di bello?
● Rambo 2.
○ Veramente è troppo violento, non lo voglio vedere.
● Allora ti porto a mangiare una pizza da "Pinolo".
○ No, grazie, lì la bruciano sempre e poi non la mangio volentieri.
● Andiamo allora a salutare Paolo e Anna. Non li vediamo da tanto tempo!
  Così ci divertiamo un po', loro raccontano sempre tante belle barzellette!

○ Stasera non ho voglia di ascoltarle. E poi,...non mi fanno ridere per niente!

● Beh, senti, io esco da solo!

7. Domandate e rispondete: ti piace/ti piacciono...?

● Ti piace la pizza?

○ Sì/no, (non) la mangio volentieri.
...

caffè, whisky, spaghetti,
coca-cola, brioches, tè .....

8. Attività del tempo libero

E voi, che cosa fate stasera?

fare ginnastica
leggere
guardare la TV
fare la maglia
ascoltare musica
andare in piscina
vedere un film

C

🔲 **1. Il direttore dà gli ordini**

La mattina presto i capiservizio riuniscono il personale per dare le ultime istruzioni. Il maître dice: "Pino, non dimentichi un'altra volta di portare la prima colazione ai signori della camera n. 214, e Lei, Valeria, pulisca le posate d'argento!" lo chef dice a Gaetano: "Cominci a tagliare i pomodori per il sugo!" Il caporicevimento dice: "Luisella, batta a macchina il menu di oggi e non faccia errori!" Il portiere dice al ragazzo d'albergo: "Andrea, porti queste valigie al tassì e faccia presto, i signori hanno fretta!"

2. E adesso date ordini voi

portare il bagaglio in camera
preparare i tavoli
spedire la lettera
rispondere al telefono
servire la prima colazione
svegliare il dott. Brizzi
scrivere la lista

> *Osservate:*
> Andrea, porti ...!
> Luisella, spedisca ... !
> Valeria, risponda... !

3. Completate il dialogo

Dovete lavorare stasera?
  No,   teatro.
....
A che ora comincia lo spettacolo?
       20.15
....
Allora, buon divertimento.
     Grazie. E tu   ?
....

.... mangiare fuori.

4. Servizio sveglia

Ascoltate e completate

Hotel MIRAMARE - foglio sveglia martedì, 15 giugno 199..									
Camera	5.30	5.45	6.00	6.30	6.45	7.00	7.30	7.45	8.00	ANNOTAZIONI

Fonetica

1. Ascoltate

1.1. Dove sentite [r] ?

1. sera	sella	dallo	raro
2. bello	biro	burro	ballo
3. vero	mela	vela	terra
4. Rieti	lieto	rissa	liscio

1. Ascoltate e ripetete

1.1. lavoro, lavorare, cameriere, Firenze, piacere, altrettanto, esercizio, chiedere, portiere, direttore, operatore turistico, governante, formulare, per cortesia, servire, professore, ragioniere, trascrivere, ristorante, riscaldamento centralizzato, offrire, trovarsi, proprio.

– QUINTA UNITÀ –

A

1. Dialogo

Programma del viaggio

Venerdì, 15 maggio

8.00	Partenza da Milano
13.00	Pranzo a San Marino
14.30	Proseguimento per Gubbio
19.00	Arrivo a Gubbio
	Hôtel Dei Consoli
20.30	Cena alla "Taverna del Lupo"
	Pernottamento a Gubbio

2. Rispondete

Da dove partiranno i turisti?
A che ora partiranno?
Dove pranzeranno?
A che ora proseguiranno?
Dove arriveranno alle 19.00?
Dove ceneranno?
Dove pernotteranno?

3. Dialogo

● Ciao, siete ancora qui?
○ Sì, partiremo dopodomani. E tu, cosa farai per le vacanze?
● Andrò a Napoli, dai miei.
○ Saranno già in attesa. Allora, buone vacanze, ci sentiremo al nostro
  ritorno.
● Senz'altro. Buone vacanze anche a voi!

4. Raccontate che cosa farete domani?:

(Alzarsi) ....alle ....
Poi ...

5. Leggete il programma:

CAPODANNO A ROMA

Dal 30 dic. al 2 genn. (Da sabato a martedì)
3 1/2 gg.- lire 450.000 (mezza pensione)
Supplemento per la camera singola lire
200.000. Veglione di San Silvestro lire 160.000.

Programma:

1° giorno: Ore 8.00 arrivo a Roma.
               Ore 9.00 - 13.00 visita alla Città del Vaticano.
               Visita ai Musei Vaticani (facoltativo).
               Pomeriggio libero.

2°giorno:	Ore 9.00 giro turistico della città.
	Aperitivo in un bar caratteristico di Via Veneto.
	Ore 15.00-17.00 giro turistico per la campagna romana.
	Ore 21.30 veglione di San Silvestro in hôtel (facoltativo).
3°giorno:	Mattinata libera.
	Ore 14.00 visita a Trastevere.
	Ore 20.30 cena in un locale tipico trasteverino.
4°giorno:	Ore 9.00 visita al Colosseo, Piazza Navona, Trinità dei Monti.
	Ore 12.30 partenza.

6. Domandate:

Che cosa faranno i turisti il primo giorno?

....

E il secondo
    terzo   giorno?
    quarto

B

1. I numeri ordinali

I	1°	Primo	È il primo giorno del viaggio.
II	2°	Secondo	È la seconda volta che viene in Italia.
III	3°	Terzo	La terza stanza è il guadaroba.
IV	4°	Quarto	Il quarto giorno della settimana è Giovedì.
V	5°	Quinto	Le sale per banchetti si trovano al quinto piano.
VI	6°	Sesto	È il sesto libro che leggo questo mese.
VII	7°	Settimo	Il settimo giorno saremo a Parigi.
VIII	8°	Ottavo	È l'ottava volta che faccio l'esercizio.
IX	9°	Nono	La nona sinfonia di Beethoven è famosa.
X	10°	Decimo	Si accomodi alla decima fila, prego!
XI	11°	Undicesimo	
XII	12°	Dodicesimo	

XX	20°	Ventesimo
XXI	21°	Ventunesimo
XXII	22°	Ventiduesimo
L	50°	Cinquantesimo
C	100°	Centesimo
D	500°	Cinquecentesimo
M	1000°	Millesimo
1.000.000°		Milionesimo

2. a) Domandate e rispondete

Esempio: ● Scusi, dov'è il
night club?
○ Il night club si
trova al primo
piano.

b) Domandate e rispondete

Esempio: ● Scusi, la piscina?
○ Al settimo piano.

47° piano
osservatorio panoramico,
passeggiata
45° piano
bar e ristorante italiano
44° piano
ristorante Aurora
43° e 42° piano
sale banchetti
11° a 41° piano
appartamenti per gli ospiti
10° piano
sale congressi
7° piano
ristorante francese, ristorante
italiano, piscina, sauna,
parrucchiere, dentista

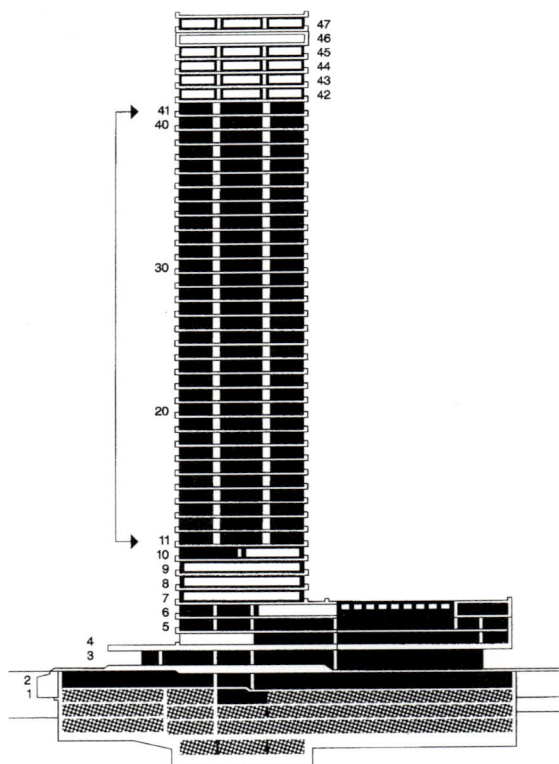

5

6° piano
sala nuziale
5° e 4° piano
sale per banchetti
3° piano
piano-bar, sala da tè, agenzia viaggi e galleria negozi
2° piano
sala cinematografica, discoteca, grill, caffetteria, ristoranti vari
1° piano
night club

3. Osservate:

	GIORNO	MESE	ANNO
Arriveranno	il primo il due il tre " " " " " " " " trentuno	gennaio febbraio marzo aprile maggio giugno luglio agosto settembre ottobre novembre dicembre	199.

4. Osservate il programma e rispondete alle domande:

Quando è previsto il giro della città?

Quando inizia il viaggio?

Quando è il veglione di San Silvestro?

Quando è previsto l'arrivo a Roma?

Quando inizia il viaggio di ritorno?

5. Combinate:

1	girare	a	il ricevimento	1	e
2	partire	b	il lavoro	2	
3	lavorare	c	l'ordinazione	3	
4	servire	d	il ritorno	4	
5	ordinare	e	il giro	5	
6	cenare	f	la bevanda	6	
7	bere	g	la cena	7	
8	ricevere	i	il proseguimento	8	
9	ritornare	l	il servizio	9	
10	proseguire	m	la partenza	10	

C

1. In portineria

Portiere: Ecco la chiave della Loro camera. Hanno bagagli?

Signor Neri: Sì, quelle due valigie sono le nostre.

Portiere: Allora faccio subito portare le Loro valigie in camera.

Signora Neri: E il mio beauty-case, dov'è?

Signor Neri: Il tuo beauty-case? Ma l'hai in mano, cara!

2. Formate dei dialoghi in base agli esempi

Esempi:
a) La mia valigia dov'è? — La Sua valigia? Eccola, signore.

b) I nostri zaini dove sono? — I Loro zaini sono già in camera.

5

a) valigia
b) zaino
c) cappelleria
d) borsa da viaggio
e) ventiquattrore
f) diplomatica
g) beauty-case

a)
b)
c)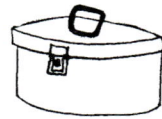
d)
e)
f)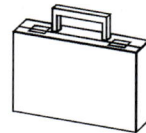
g)

3. Domandate e rispondete

Cosa cerchi, i tuoi soldi?   No, i miei occhiali.
         le tue fotografie?   No, le mie sigarette.

assegni

macchina fotografica

orario dei pullman

rullino

occhiali

patente

passaporto

penna

4. La famiglia di Gaetano

Gaetano, il nuovo cuoco, è di Napoli. Sente molto la nostalgia della sua città, del sole e del mare e, soprattutto, della sua famiglia. Quindi ha sempre una foto nel suo portafoglio. Oggi la fa vedere a Luisella: "Vedi, questa è la mia famiglia. Abbiamo una piccola trattoria al centro di Napoli. Mia madre sta in cucina. La sua specialità è il pesce. Questo ragazzo è mio cugino. Aiuta mia sorella nel servizio. Mio fratello non c'è nella foto perché il fotografo è proprio lui. E questo è mio padre. È sempre di buon umore."

5. Completate con gli aggettivi possessivi:

1. Offriamo un programma speciale per turisti della terza età.
   Questo è il **nostro** programma speciale.
2. L'agenzia dispone di bus turistici.
   Questi sono i .... bus turistici.
3. Ecco i signori Di Langosto con il signor Andrei. Il signor Andrei è il
   .... autista da molti anni.
4. Ecco la chiave della .... camera, signori.
5. Non trovo mai i .... occhiali.
6. Io porto la .... valigia e tu porti il .... zaino.
7. Il signor Neri discute con .... moglie.
8. La ragazza nella foto è la sorella di Gaetano? Sì, è .... sorella.
9. Luisella è la segretaria del direttore? No, la............... segretaria si chiama Roberta.
10. Ragazzi, quali sono i .... progetti per stasera?

6. Programmate un'escursione di mezza giornata/una giornata/un giro di tre giorni

7. Cercate di immaginare

Esempio: Che cosa avrà lo studente nella sua sacca da viaggio?
             Avrà un paio di jeans.

Che cosa avrà la signora....?

- un paio di scarpe
- una cravatta
- una cinta
- un abito da sera
- un golf
- una gonna
- un cappello
- una camicia da notte
- una vestaglia
- un papillon
- un vestito
- una camicetta
- calzini

di seta	nero	stretto	comodo	leggero
a righe	a campana	lungo	scollato	di cotone

8. Giocate:

Scrivete data, destinazione ecc. su cartoncini, mischiateli e fate sorteggiare da un collega. Poi domandate

- ● Dove andrai/andrà?
- ○ ... ...
- ● Quando partirai/rà per...?
- ○ ... il ...
- ● Quanto tempo ti (si) fermerai/rà a ...?
- ○ ...
- ● Dove alloggerai/rà?
- ○ ...

9. Leggete il programma e compilate la vostra pagella

IN VIAGGIO CON ALPITOUR

Programma dichiarato (4 giorni, 3 notti)

1° giorno, sabato: Partenza da Milano in aereo di linea. Arrivo a Parigi, giro di orientamento. Sistemazione in albergo. Seconda colazione. Visita della cattedrale di Notre-Dame con guida. Cena in hôtel e pernottamento.

2° giorno, domenica: In mattinata visita con guida, seconda colazione e continuazione del giro della città con guida. Cena libera, pernottamento.

3° giorno, lunedì: Prima e seconda colazione in hôtel. Il pomeriggio visita facoltativa al Louvre. Cena libera. Serata libera per spettacolo internazionale di varietà.

4° giorno, martedì: Prima colazione in albergo. Al mattino escursione libera a Versailles con guida-interprete. Dopo la seconda colazione partenza per Milano in aereo di linea; arrivo intorno alle 18.30.

QUOTA DI PARTECIPAZIONE

A persona, da Milano, con sistemazione in camere doppie: L. 563.000. Supplemento singola L. 162.000. Nel tour è compreso il trattamento di pensione completa, le visite con guida-interprete.

Mezzi di trasporto:

A Parigi si utilizza un pullman Gran Turismo con 31 posti. Davanti ai sedili ci sono tavolinetti comodi per scrivere o per appoggiarsi. Impianto radio e aria condizionata perfettamente funzionanti: la temperatura è sempre confortevole (tra i 18 e i 22°C). Impianto radio con auricolari per la descrizione simultanea (in 7 lingue) dei monumenti.

Assistenza in viaggio

Le guide francesi dell'agenzia France Tourisme sono buone organizzatrici e sempre molto disponibili, con un buona conoscenza dell'italiano.

Qualità alberghi:

A Parigi l'albergo è il PLM St. Jacques, un po' in periferia ma ben collegato al centro città. È un grande albergo di categoria lusso a 14 piani, elegante, dispone di boutique, bar, ristoranti, parrucchiere e salone di bellezza. Comoda, confortevole, luminosa la camera, TV a colori, frigo-bar; all'arrivo cesto di frutta in camera. Non puntuale il servizio ai piani: la prima colazione, richiesta per le 7.00, viene portata in camera già alle 6.30.

Gastronomia

La gastronomia nei ristoranti "tipici" non è così buona come nei ristoranti degli alberghi. Buone le cene del "Concorde", bevande escluse. Cari i vini.

... buon viaggio

LA PAGELLA				*	*
			*	*	*
		*	*	*	*
	*	*	*	*	*
	*	*	*	*	*
Mezzi di trasporto					
Assistenza in viaggio					
Qualità albergo					
Gastronomia					

10. Ascoltate e cancellate le affermazioni (frasi) false

1. L'ospite vuole una camera doppia per 16 giorni.
2. Il signor De Santis alloggerà in albergo dal 4 al 9 aprile.
3. La signora riparte il 26.
4. a) La signora vorrebbe una camera matrimoniale dal 1° al 17 settembre.
   b) La signora si fermerà dal 17 al 21 settembre.

5

Fonetica

1. Ascoltate

♪

1.1. ● Sono Sue queste borse? ○ No, sono della signora slava.

1.2. [so:no su: e kụeste borse] [No, so:no della 'siɲ'ɲora zlava]

1.3. Dove sentite [s] ?

1. sei	sole	sveglia	sale
2. sbaglio	falso	snobismo	storia
3. sigaro	sugo	borsa	slavo
4. svizzero	sono	Svezia	forse

1.4. Dove sentite [z] ?

1. pensare	sigaretta	svegliare	sbagliare
2. salutare	smettere	sicuro	servire
3. sala	sauna	bisbigliare	svenire
4. salato	disdetta	lavarsi	sgorgare

2. Ripetete

2.1. Domandate

borse?

queste borse?

Sue queste borse?

Sono Sue queste borse?

2.2. Rispondete

slava.

signora slava.

della signora slava.

No, sono della signora slava.

— SESTA UNITÀ —

A

1. Dialogo

UNA PRENOTAZIONE TELEFONICA

● Buon giorno. Sono la signora Battisti. Ho già chiamato la settimana scorsa ed ho prenotato una camera matrimoniale dal 1° al 15 agosto.

○ Buon giorno, signora. Esatto, una camera matrimoniale con bagno.

● È possibile cambiare e fare la prenotazione per la seconda metà di agosto?

○ Un momento prego! ... Va bene, signora. Abbiamo ancora una camera matrimoniale con bagno dal 16 agosto in poi.

● Ottimo. Mio marito ed io arriveremo il 16 nel primo pomeriggio e ci fermeremo fino alla fine del mese.

○ D'accordo, signora Battisti. Può dirmi il Suo numero di telefono?

● Il prefisso per Roma, e poi 89 25 83. Questo è anche il numero del fax.

○ Grazie mille, a risentirLa.

2. Variate il dialogo

con/senza		
Vorrei Vorremmo Desidero	una stanza tranquilla che dà sul giardino una camera doppia una camera matrimoniale due camere singole comunicanti una suite un residence	bagno doccia lettino supplementare vista sul lago balcone prima colazione mezza pensione pensione completa	dal 10 e 15 marzo a partire dal ... per la 2° settimana di agosto dal 16 agosto in poi dall'inizio del mese fino alla fine del mese

○ Ho prenotato

● A nome di chi?
  A quale nome?

3. Ascoltate il dialogo e compilate il modulo di prenotazione

PRENOTAZIONE per il giorno ....

effettuata a mezzo ☎ □ presenza □

dal Sig. ....

.... tel. ....

per il Sig. ....

in arrivo il .... partente il ....

ora e mezzo d'arrivo ....

....

Prenotazione

□ BREAKFAST   □ ½ PENS.   □ PENSIONE

Osservazioni: ....

....

Data .... *ora* ....

IL RICEVENTE LA PRENOTAZIONE

....

Vista e annotata ....

Tip. Perugina - bl. 200x50 - 5 - 75

B

1. Il servizio piani:

Mettete la crocetta:

	pulire	cambiare	vuotare	rifare	spolverare	lucidare
i letti				X		
il lavandino						
la camera						
le lenzuola						
i cassetti						
l'armadio						
il water						
lo specchio						
il cestino						
il pavimento						
la lampadina						
il comodino						
i vetri						

2. Una giornata faticosa

Maria, Luisella, Pino e Gaetano sono stanchi stasera. Tutti e quattro si sono alzati molto presto la mattina. E poi la giornata è stata lunga: Maria è andata mille volte su e giù per le scale e ha rifatto i letti e pulito le camere. Luisella e Pino sono andati avanti e indietro per la sala e hanno servito a tavola. Gaetano è andato al mercato molto presto, poi ha aiutato lo chef.

3. Maria, Luisella, Pino e Gaetano raccontano:

Maria: "Oggi sono stanca. Sono andata mille volte ...
Luisella e Pino: "..."
Gaetano: "..."

4. Completate con il passato prossimo

La signora Sugimoto, una cliente giapponese, non è affatto contenta del servizio. La cameriera al piano oggi (sbagliare) .... tutto. Non (cambiare) .... gli asciugamani, non (spolverare) .... l'armadio e non (rifare) .... neanche i letti. Non (vuotare) .... il cestino e nel corridoio non (lucidare) .... il pavimento. Alla fine la signora Sugimoto (andare) .... dalla governante e (reclamare) ....

5. Chiedete al vostro vicino/alla vostra vicina che cosa ha fatto ieri/stamattina

a) Hai/ha
   ...

lavorare
fare colazione
telefonare a casa
incontrare gli amici
prendere il caffè
bere un bicchiere di vino
fare la doccia

b) Sei/è

andare a scuola/al lavoro
uscire la sera
rimanere a casa

c) Ti sei/si è

alzarsi presto
farsi la doccia
lavarsi i denti
divertirsi alla festa

6. Domandate e rispondete come negli esempi

a) Governante e cameriera al piano:

●   Ha rifatto il letto?   Sì, l'ho rifatto.
      Ha spolverato l'armadio?   Sì, l'ho già spolverato.
      Ha pulito le camere?   No, non le ho ancora pulite.
      ...

b) Maître con cameriere:

●   Ha già apparecchiato i tavoli?
      pulire l'argenteria
      preparare le posate
      controllare le oliere
      sistemare i fiori
      ...

Sì, li ho già apparecchiati.

c) Portiere e ragazzo d'albergo:

      consegnare la lettera
      accompagnare la signora in garage
      portare i bagagli in camera
      ...

7. Reclami e richieste:

A

● Qui   mancano   gli asciugamani
Nella mia   non ci sono   le stampelle
camera   è finita   la carta igienica
      non c'è   il sapone
      manca   ...

○ Mi scusi, provvedo subito.
   Mi dispiace, mando subito qualcuno.

B

● Qui
   Nella mia camera non funziona   il televisore.
                         la radio.
                         la doccia
                         il telefono
        non c'è   la luce
        non si accende   la lampadina

● L'acqua nel lavandino   non va giù
      nella vasca da bagno
      Il lavandino   è tappato

○ Mi dispiace, mando subito   il tecnico
                        l'operaio
                        qualcuno

C

● Vorrei un altro cuscino, se è possibile.
       un'altra coperta

○ Ma certo, provvedo subito.

8. Quali espressioni hanno lo stesso significato:

Ho bisogno di un altro cuscino.
Mi dispiace, non è possibile.
Chiamerò l'operaio.
Quanto viene.
È tappato il lavandino.
La lampadina non si accende
Mancano le stampelle.
Chiedo scusa.

Scusi.
Non ci sono stampelle.
La luce non va.
Farò venire l'operaio.
L'acqua nel lavandino non va giù.
Mi occorre un altro cuscino.
Quanto costa?
Purtroppo non si può.

9. Scrivete dialoghi per ogni situazione:

1. Signora Battisti/camera 201

2. Signora Giuliani/camera 108

3. Signor Gallo/camera 308

4. Dottor Pollini/camera 401

5. Avvocato Deano/camera 131

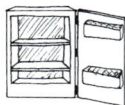

RIFARE LA CAMERA
MAKE UP ROOM EARLY
ZIMMER AUFRÄUMEN
FAIRE LA CHAMBRE DE SUITE

6

C

1. Il tempo in Italia

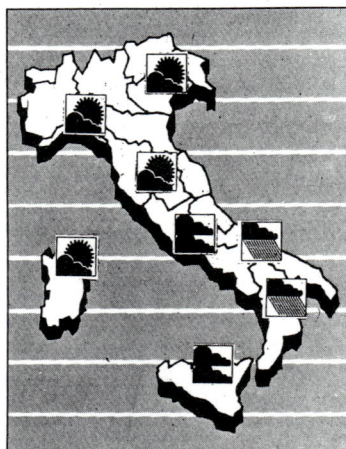

IL TEMPO IN ITALIA

MERCOLEDI' 12 SETTEMBRE 1990 — **NOME DI MARIA**

| Il sole sorge alle | **6,49** | **LUNA:** | |
| e tramonta alle | **19,33** | nuova | **19 settembre** |

FIRENZE: Peretola

| Temp. minima | 15 | Temp. massima | 24 |

Temperature minime e massime in Italia

Pisa	15	27	Perugia	15	23
Grosseto	17	26	Spezia	17	26
Torino	14	26	Genova	19	
Bologna	14	24	Venezia	15	23
Bolzano	13	25	Trieste	15	23
Roma	16	27	Campobasso	11	20
Bari	18	27	Napoli	15	27
Reggio C.	21	32	Palermo	27	29
Catania	22	35	Cagliari	20	31
Milano	12	25	L'Aquila	11	20

Sulle regioni centro-meridionali peninsulari e sulla Sicilia nuvolosità ir-regolare anche intensa, con precipitazioni in prevalenza temporalesche più frequenti sul versante adriatico e su quello jonico. Sulle altre regioni nuvolosità variabile, con addensamenti in prossimità dei rilievi montuosi ove si verificheranno locali rovesci o temporali. La temperatura tenderà a diminuire ulteriormente, specie nei valori minimi, sulle regioni meri-dionali.

Temperature minime e massime nel mondo

Amsterdam	variabile	8	16	Manila	sereno	25	32
Bahrein	sereno	30	39	La Mecca	nuvoloso	27	42
Bangkok	sereno	26	33	C. del Messico	nuvoloso	12	26
Barbados	sereno	23	31	Miami	nuvoloso	28	30
Beirut	sereno	24	28	Montevideo	nuvoloso	16	21
Bermuda	sereno	26	29	Montreal	nuvoloso	17	18
Bogotà	nuvoloso	4	19	Nairobi	variabile	10	24
Brisbane	np	np	np	Nassau	variabile	24	32
Buenos Aires	pioggia	17	23	Nuova Delhi	nuvoloso	25	33
Il Cairo	sereno	21	31	New York	nuvoloso	18	27
Calgary	variabile	21	26	Nicosia	nuvoloso	18	36
Caracas	nuvoloso	20	29	Parigi	nuvoloso	9	20
Chicago	nuvoloso	18	30	Perth	np	np	np
Helsinki	nuvoloso	5	11	Rio de Janeiro	variabile	16	27
L'Avana	nuvoloso	24	32	San Francisco	nuvoloso	13	19
Hong Kong	pioggia	24	25	San Juan	sereno	25	33
Honolulu	sereno	23	31	Santiago	nuvoloso	8	18
Islamabad	sereno	22	33	San Paolo	np	np	np
Istanbul	sereno	17	26	Seul	pioggia	17	18
Giacarta	sereno	24	33	Singapore	sereno	25	32
Gerusalemme	sereno	17	25	Tel Aviv	sereno	24	32
Johannesburg	sereno	10	26	Tokyo	sereno	23	31
Kiev	nuvoloso	8	16	Toronto	nuvoloso	24	27

NUVOLOSO — PIOGGIA — TEMPORALE — NEBBIA — NEVE

VENTOSO — SOLEGGIATO — VARIABILE — MARE MOSSO — AGITATO

IN EUROPA

SITUAZIONE: correnti fredde provenienti dal mar di Norvegia investono le nostre regioni, mostrandosi più attive sul versante orientale della penisola.

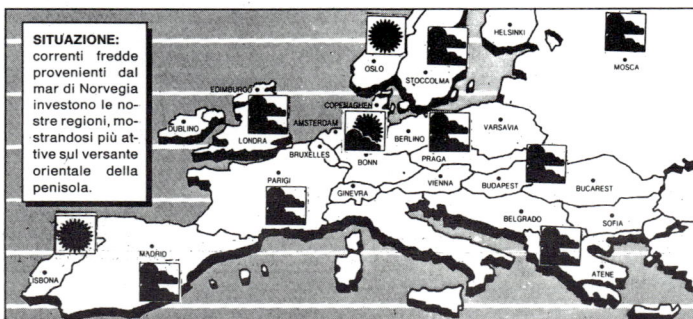

2. Dialogo

● Pronto, mi sente? Vorrei sapere com'è il tempo lì da voi.
○ Stamattina è piovuto e ancora adesso il cielo è coperto. Ma secondo le previsioni già da domani il tempo migliorerà.
● E la temperatura?
○ 24C°, comunque anche la temperatura dovrebbe aumentare.

3. Combinate

1) nuvoloso	a)	nevica		1	m
2) pioggia	b)	a momenti c'è il sole, a momenti ci sono nuvole		2	
3) temporale	c)	tira vento		3	
4) nebbia	d)	Il tempo è bello		4	
5) neve	e)	il sole splende		5	
6) ventoso	f)	ci sono molte onde		6	
7) soleggiato	g)	ci sono molte onde e alte		7	
8) variabile	i)	nebbioso		8	
9) mare mosso	l)	ci sono lampi e tuoni		9	
10) mare agitato	m)	il cielo è coperto di nuvole		10	
11) Fa bel tempo	n)	piove		11	

4. Date informazioni. Parlate e scrivete

a) ● Com'è il tempo lì da voi?

PIOGGIA

○ ....

b) ● Si può fare il bagno oggi?

MARE MOSSO

○ ....

● Come sono le previsioni per
   domani?

NUVOLOSO

○ ....

● E la temperatura com'è?

28°C

○ ....

c) ● Si può fare il surf?

AGITATO

○..............................

d) ● Si può già sciare lì da voi?

NEVE

○ ....

● Fa caldo?

VENTOSO   solo 23°

○ ....

● Quanta neve c'è?

60-100 cm.

○ ....

● Sono libere le strade?

NEBBIA

○ ....

**5. Osservate la cartina a pag. 78 e illustrate la situazione metereologica
in Europa.**

Esempio: A Oslo fa bel tempo.
...

6. Descrivete com'è il tempo da voi in estate, inverno, primavera, autunno

7. Reclami - Ascoltate e completate

1. ● Buon giorno. Ho sentito molto freddo stanotte. Potrei avere un'altra ....?
    ○ Certamente, signora.

2. ● Buon giorno. Ho ordinato .... mezz'ora fa. Ancora non me l'hanno portata.
    ○ Mi dispiace. Chiederò subito al bar.

3. ● Senta. Nel mio armadio c'è .... E poi non ho ....
    ○ Scusi, signore. Le mando subito la cameriera.

4. ● Senta. Qui si scoppia dal caldo. Non si può regolare ....?
    ○ Certamente. Le mando subito qualcuno.

5. ● Buon giorno. Ho già detto ieri che .... non va giù. Ancora non avete mandate nessuno.
    ○ Mi dispiace. Chiamerò subito un operaio.

6. ● Senta! Non è possibile che ieri non funzionava ....e oggi non funziona .... e inoltre scorre ....!
    ○ Mi dispiace molto. Le manderò subito qualcuno.

6

Fonetica

1. Ascoltate ♪

1.1. ● Il prefisso della Svizzera è 0041 (zero zero quattro uno).

1.2. ['zvittsera] ['dzεro 'dzεro]

1.3. Dove sentite [ts] come in "Svizzera?

1. Svezia	zucchero	esercizio	zoom
2. zio	colazione	prezzo	pizza
3. zabaione	zaino	spezia	alzare
4. calza	grazie	zia	pranzo

1.4. Dove sentite [dz] come in "zero"?

1. zattera	filza	bellezza	manzo
2. zanzara	zampone	orizzonte	perfezione
3. carrozza	merluzzo	zebra	zoo
4. nazione	giustizia	pezzo	attenzione

2. Ripetete

2.1.

0041.

Svizzera è 0041.

della Svizzera è 0041.

Il prefisso della Svizzera è 0041.

– SETTIMA UNITÀ –

A

1. Al ristorante

● Hanno già scelto? Oggi consiglierei Loro penne alla wodka, una specialità della casa, oppure tortellini in brodo freschi di giornata.
○ Sì, io proverei queste penne.
❑ Io, invece, prendo spaghetti alla carbonara.
● Per secondo, abbiamo un ottimo vitello tonnato.
○ Sì, per me va bene.
❑ No, per me niente secondo, grazie.
● Le andrebbe un contorno almeno?
❑ Sì, un'insalata di pomodori.
● Grazie.

2. Ascoltate i vari modi di esporre

Desidera un aperitivo?	Come aperitivo Le consiglio un Martini dry un Bianco Sarti o un aperitivo analcolico della casa.
Prende un antipasto?	Abbiamo dell'ottimo prosciutto di Parma e del melone dolcissimo.
Come secondo che ha scelto?	Come secondo c'è del vitello arrosto fatto questa mattina.
E da bere?	Con il vitello arrosto Le consiglio un Sagrantino.
Desidera un dessert?	Le posso portare un gelato oppure una macedonia di frutta fresca?

3. Completate il dialogo

Cameriere:....................................
Cliente: No, mi porterebbe il menu?
Cameriere: ....
Cliente: Dunque, ... un risotto al ragù, per favore.
Cameriere: ....
Cliente: Perferirei aspettare.
Cameriere: ....?
Cliente: Mezzo litro di vino e una bottiglia di acqua minerale.
Cameriere: ....
Cliente: Liscia per favore! E .... un portacenere.

❀ Ristorante "Ferrari" ❀

Pizze

Napoletana	L. _____
Marinara	L. _____
Siciliana	L. _____
Margherita	L. _____
Capricciosa	L. _____
Quattro Stagioni	L. _____

Primi Piatti

Spaghetti alla carbonara	L. _____
Spaghetti ai 4 formaggi	L. _____
Spaghetti al pomodoro	L. _____
Minestrone alla paesana	L. _____
Zuppa pavese	L. _____
Pastina in brodo	L. _____
Tortellini in brodo	L. _____
Tagliatelle al tartufo	L. _____
Penne alla wodka	L. _____

Carne

Cotoletta alla milanese	L. _____
Vitello al forno	L. _____
Vitello tonnato	L. _____
Saltimbocca alla romana	L. _____
Scaloppa alla valdostana	L. _____
Bistecca di maiale	L. _____
Spiedini misti alla griglia	L. _____
Petto di pollo ai ferri	L. _____

Pesce

Antipasto di mare	L. _____
Cozze alla marinara	L. _____
Trote alla mugnaia	L. _____
Sogliole alla griglia	L. _____

Contorni

Patate arroste	L. _____
Patatine fritte	L. _____
Insalata mista	L. _____
Insalata di pomodori	L. _____
Verdure cotte	L. _____
Fagiolini	L. _____

Dessert

Macedonia di frutta fresca	L. _____
Macedonia di frutta esotica	L. _____
Zuppa inglese	L. _____
Tirasimù	L. _____
Gelati misti	L. _____

Menu turistico   L. _____

Buon appetito!

4. Una ricetta

POLLO ALLA ROMANA

Ingredienti *(per 4 porzioni)*
Pollo   g. 1.300   Cipolla: 1
Peperoni   g.   270   Vino bianco
                               secco: 1 bicchiere
Pomodori da sugo g.   250   Pepe e sale:
                               secondo il gusto
                               Aglio: uno spicchio

PREPARAZIONE
Rosolare per qualche minuto nell'olio d'oliva il pollo, tagliato a pezzi e condito con pepe e sale, insieme con la cipolla tritata, e l'aglio. Bagnare con il vino bianco, del quale va lasciata evaporare la maggior parte. Aggiungere i peperoni e i pomodori, puliti, privati dei semi e tagliati a pezzi, e completare la cottura.

5. Terminologia tecnica della cucina

Arrostire   cuocere al forno o allo spiedo, carni, pollame o pesci.

Bollire   lessare in grande quantità di liquido le vivande.

Cospargere   far cadere a pioggia su vivande parmigiano, pane grattugiato, prezzemolo tritato e condimenti vari.

Condire   insaporire vivande con olio, burro, sale, spezie, aromi ecc.

Friggere   cuocere alimenti diversi in olio o grasso bollenti.

Gratinare rendere dorata e croccante la superficie di una vivanda, con l'azione del forno.

Mescolare girare con un mestolo una minestra, una salsa ecc.

Rosolare far colorire all'inizio della cottura con grasso carni diverse e pollame, per poi continuare la cottura.

Tritare passare attraverso il tritatutto vivande di ogni genere, oppure farle a pezzetti con un coltello.

6. Combinate

1	Pasta	a	alla milanese	1 b
2	Tortellini	b	asciutta	2
3	Crostini	c	in brodo	3
4	Pizza	d	con panna	4
5	Cotoletta	e	al prosciutto	5
6	Risotto	f	alla griglia	6
7	Macedonia	g	con funghi	7
8	Finocchi	i	al pepe verde	8
9	Trota	l	gratinati	9
10	Cipolline	m	Margherita	10
11	Filetto	n	in agro-dolce	11

7. Dialogo

Cliente: Scusi, signorina, che cos'è la "trota"?
Cameriera: È un pesce di acqua dolce.
Cliente: Cameriere, mi sa dire che cos'è "antipasto di mare"?
Cameriere: Sono frutti di mare conditi con sale, pepe, aceto e olio, come un'insalata.
Cliente: ...

a) Continuate come negli esempi, ispirandovi alle pietanze dell'esercizio n. 6

b) Spiegate delle pietanze tipiche del vostro paese

8. Osservate il menu a pag. 84 e completate sotto ogni colonna come l'esempio

Pasta	Carne di vitello	Carne di maiale	Pesce	Dolci/Gelati
Spaghetti alla carbonara	...	...	...	...

9. Cancellate la parola che non va bene

a)	b)	c)	d)	e)	f)
caffè	arrosto	bicchiere	forchetta	tazza	birra
tè	pollo	bottiglia	cucchiaio	forchetta	pane
latte	verdura	coppa	coltello	bicchiere	insalata
minestra	cotoletta	tazza	tazza	piatto	bistecca
acqua minerale	bistecca	caffè			gelato

10. Come si combina?

	a) olio	b) yogurt	c) vino	d) zucchero	e) coca-cola	f) succo di frutta	g) pasta	h) caffè	i) riso	l) tè	m) farina	n) margarina	o) latte	p) marmellata
1. Bicchiere			X		X	X				X			X	
2. Barattolo														
3. Confezione														
4. Vasetto														
5. Lattina														
6. Bottiglia														
7. Busta														
8. Pacco														
9. Pacchetto														

B

1. Reclami

● Cameriere, la carne è dura.
○ Oh, mi scusi, la cambio subito.
   Mi dispiace, ...
      ...

Ora reclamate voi aiutandovi con lo schema sottostante

Carne	pane	arrosto	latte	pasta	vino	torta	uovo
fredda	vecchio	grasso	acido	scotta	caldo	secca	non fresco

2. Reclami

● Cameriere, è mezz'ora che aspettiamo il nostro antipasto, non è possibile una cosa simile!
○ Mi scusi, chiedo subito in cucina.

● Questo pane non è di oggi!
○ Beh, veramente è di stamattina, signore, comunque Le porto un altro tipo di pane.

● Ma insomma, questa minestra è salata!
○ Mi dispiace, la cambio subito.

● Il vino è troppo caldo. Il vino bianco si serve freddo.
○ Le porto subito un'altra bottiglia.

3. Ed ora formate voi dei minidialoghi utilizzando queste situazioni:

La minestra è fredda.
Il vino sa di tappo.
Il bicchiere non è pulito.
La carne non è cotta.
Il cliente aspetta da molto.
C'è un capello nella minestra.

C

1. Ascoltate e variate il dialogo

● Il conto, per favore!
○ Ecco a Lei, prego.
● Scusi, vorremmo pagare alla romana.
○ Allora si accomodino alla cassa, per favore.
● Posso darLe un assegno?
❑ No, mi dispiace, accettiamo solo contanti.

dollari
marchi
eurocheque
carta di credito
travellercheque

2. Leggete e commentate

MOLTO BUONO, ANZI OTTIMO

Ecco le dieci regolette d'oro per un perfetto ristorante:

1. La lista dei cibi dovrebbe essere breve e chiara, quella dei vini lunga e ricca.
2. Luci diffuse e non accecanti.
3. Tavoli e sedie di giusta altezza; le sedie senza braccioli.
4. Evitare gli attrezzi troppo specializzati, rischierebbero di essere imbarazzanti (le pinze per le aragoste).
5. Sia i piatti sia i coperchi che il pane dovrebbero essere caldi.
6. Evitare le lunghe attese tra una portata e l'altra.
7. Il piatto giusto al cliente giusto: il cameriere non dovrebbe mai chiedere: "E il pesce per chi è?"
8. Maîtres, sommeliers e camerieri dovrebbero essere sempre perfetti e sorridenti e non perfetti e freddi.
9. Occhio ai bagni! Specchi, saponette, asciugamani di lino sarebbero necessari.
10. Accanto al caffè ci vorrebbero sempre dolcetti, biscottini, un cioccolatino e un bricchetto di latte.

3. Ascoltate i reclami al ristoranti ed abbinatevi le affermazioni sottostanti

a) Agli ospiti non piace il pane. 1=
b) Il servizio è lento. 2=
c) Gli ospiti sono fumatori. 3=
d) Il cliente ha ordinato un primo. 4=
e) Il signore chiede un'altra forchetta 5=
f) Il bicchiere è sporco 6=

Fonetica

1. Ascoltate

1.1. ● Gli gnocchi sono freschissimi. ○ Magnifico!

1.2. ['ɲɔkki] [maɲ'ɲifikɔ]

1.3. Dove sentite [ɲ]?

1. cognato	maniere	bagno	cognac
2. sogno	cranio	ingegnere	manierismo
3. ragno	gnomo	sbornia	Niagara
4. ognuno	regno	smania	segnare

Ripetete

2.1.

freschissimi.

sono freschissimi.

gnocchi sono freschissimi.

Gli gnocchi sono freschissimi.

– OTTAVA UNITÀ –

A

1. All'enoteca

● Buon giorno.
○ Buon giorno, signora. Mi dica !
● Vorrei un vino da regalare per un'occasione speciale.
○ Il Brunello di Montalcino farebbe proprio al Suo caso; è un esempio tipico del più famoso vino italiano, di grande invecchiamento, colore rosso rubino intenso, sapore asciutto e vellutato.
  Oppure potrebbe prendere questo Barolo Anforio dell'85.
● È stata un'annata buona?
○ Sì, signora; questo vino ha vinto il primo premio alla Vinexpo di Bordeaux.
● Va bene, allora prendo due bottiglie di Barolo, e anche un'altra di questo Brunello di Montalcino, perché lo voglio assaggiare io.

2. Variate il dialogo

● Buon giorno, vorrei un vino da   bere con ...
                                       abbinare a ...
                                       che accompagna ...

○ Ci sarebbe/potrebbe prendere/Le consiglierei il ...

8

MARCA	ROSSO	BIANCO	REGIONE	ACCORDO
Cirò	rosso denso		Calabria	arrosti
Gattinara	granata		Piemonte	cacciagione
Barbaresco	rubino		Piemonte	pollame
Soave		verdolino	Veneto	pesce
Asti spumante			Piemonte	dessert
Orvieto		paglierino dorato	Umbria	da tutto pasto

3. La lista dei vini

Vini da antipasti e primi piatti

Colore giallo paglierino chiaro; profumo fruttato, caratteristico, gradevole; sapore morbido, armonico. Tipico e gradevole vino da antipasti, primi piatti, carni bianche, preparazioni delicate. Servire molto fresco, a 8/10°.

Vino bianco umbro di grandi qualità e popolarità. Colore giallo paglierino chiaro; bouquet caratteristico, fruttato; sapore secco, elegante. Perfetto vino da aperitivo a 6°, da pesce in genere a 10°.

Vini da tutto pasto

Vino rosato della zona dei Castelli Romani. Colore rosa, vivide "nuances" violette; profumo fruttato, fragrante; sentori lievi di ciliegia, fragola e ananas maturo.Temperatura ottimale: 12°. Accompagna antipasti come prosciutto e melone, galantine di pollo e tacchino, salumi non piccanti, minestre e paste asciutte, formaggi freschi a pasta dolce, ecc.

Colore rosso rubino; bouquet composito di mammola e viola; sapore asciutto, armonico, "giovane". È un vino gradevolissimo da arrosti ma anche da tutto pasto.

Vini da pesce

Da uve Malvasia romana, Trebbiano e Bonvino su terreni vulcanici ricchi di humus e potassio; fermentazione a contatto con le bucce. Colore giallo oro; profumo di acacia. Eccellente vino da pesce e carni bianche.

Vino aristocratico, notevole da aperitivo, da pesce, da primi piatti delicati, ha colore paglierino, profumo delicato, sapore secco, elegante. Servire a 8°.

Vini da arrosti

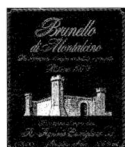

Di grande invecchiamento, ha colore rosso rubino intenso; profumo persistente, di viola e frutti di sottobosco; sapore asciutto. Grande vino da arrosti, grigliate, cacciagione.

Straordinario esempio di uno dei più classici vini italiani. Invecchiato 3 anni in rovere, perfetto a 4-5. Colore rosso granato, profumo intenso; sapore asciutto, armonico, sentore di rosa appassita. Sposa con efficacia la gamma degli arrosti e la cacciagione. Bevuto a 18/20°.

Colore rosso granato con riflessi aranciati; profumo intenso, vinoso, elegante; sapore pieno, robusto, armonico. Invecchiato oltre 5 anni in rovere, è perfetto compagno di arrosti e della selvaggina. Va bevuto a 18° nei grandi bicchieri a tulipano.

Vini da dessert

Fermentazione a basse temperature controllate in grandi recipienti. Colore giallo paglierino, chiaro e dorato; profumo intenso ma delicato, tipico; sapore dolce, aromatico, spuma fine, perlage persistente. Famoso vino da dessert, da bere freddo (6°), in giovinezza. Bicchiere: l'alta flûte.

4. Completate la tabella utilizzando la lista dei vini precedente

DESCRIZIONE ORGANOLETTICA			ABBINAMENTO GASTRONOMICO
Colore	*Profumo*	*Sapore*	antipasti,
giallo paglierino chiaro	fruttato, fine,	secco,	

5. Al ristorante

● Buon giorno. Ha già ordinato?

○ No. Vorrei le penne al pomodoro fresco e come secondo una bistecca alla fiorentina.

● E da bere?

○ Non saprei. Lei che cosa mi consiglia?

● Potrebbe cominciare con un Frascati, che è eccellente con un primo delicato come le penne al pomodoro; e per il secondo le suggerirei un Barolo, che accompagna perfettamente carni rosse arrostite.

○ Non c'è un vino che vada bene sia per il primo che per il secondo?

● Certamente, signore. Abbiamo un rosato della zona dei Castelli Romani.
È un vino gradevolissimo per arrosti e, in genere, per l'intero pasto.

○ Allora mi porti una bottiglia di questo vino, per favore.

6. Osservate la LISTA DEI VINI e domandate e rispondete

● Che vino si beve con il pollo?
○ Con il pollo Le consiglierei un … oppure un …

7. Osservate un menu e una lista dei vini della vostra regione e formate minidialoghi

● Che vino si beve con …?
○ …

8. Descrivete i vini presentati in questa pagina come nell'esempio

SAGRANTINO DI MONTEFALCO
VINO PASSITO / Colore: rosso rubino
15–18° C

vino passito,
colore: rosso rubino

Esempio:
Il Sagrantino di Montefalco è un ottimo vino da dessert, di colore rosso rubino e va bevuto a 15° - 18°. La bottiglia va conservata in posizione orizzontale.

Osservate:

Il vino va bevuto   … = dev'essere bevuto
La bottiglia va conservata   … = dev'essere conservata …

Rosso di Montefalco
Colore: rosso rubino
15–18° C

colore: rosso rubino
15 - 18° C

8

colore: rosato
8 - 9° C

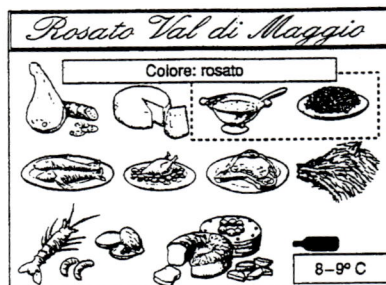

colore: bianco con riflessi
verdognoli 8 - 9° C
Posizione conservazione:
verticale

colore: bianco con riflessi
verdognoli
4 - 6° C

colore: rosso rubino
15° - 18° C

9. Qualche nota pratica sulle etichette:

EST! EST!! EST!!!
DI MONTEFIASCONE
DENOMINAZIONE DI ORIGINE CONTROLLATA
S E C C O
1989

Nel 1111 il prelato bavarese Johannes Defuc, diretto a Roma al seguito dell'Imperatore Enrico V, si faceva precedere da un fedelissimo servo a nome Martinoche che ad ogni tappa aveva il compito di indicargli dove si beveva del buon vino, segnando all'ingresso dell'osteria il monosillabo «EST», ovvero «EST EST» nel caso che il prodotto fosse di particolare pregio. A Montefiascone l'esperto servitore trovò un vino così delizioso da indurlo addirittura a scrivere il fatidico «EST» per ben **tre volte.**

*   *

BIGI

*   *

Imbottigliato da Bigi s.c.a r.l. nelle proprie
cantine di Orvieto - Italia

750 ml e   11,5 % vol.

L'etichetta dice se il vino è D.O.C. (denominazione di origine controllata) o D.O.C.G. (denominazione di origine controllata e garantita).

Sull'etichetta si trova anche:
1. *il nome della ditta produttrice*
2. *la zona di produzione*
3. *il grado alcolico*
4. *l'annata*
5. *il contenuto del recipiente*

10. Lettura

Evitare di ...   **(piccole regole di cosa NON FARE per salvaguardare la bontà dei nostri vini)**

❋ Conservare per troppo tempo i vini nella cantina del giorno.

❋ Tenere nella cantina del giorno (vale anche per la cantina di conservazione) prodotti quali salumi, cipolle, aceti, olio, che possono intaccare con i loro profumi quelli del vino.

❋ Illuminare troppo le bottiglie in esposizione o nella cantina del giorno perché la luce è nemica del vino.

❋ Servire i vini nel cestello quando la bottiglia è già stata tenuta in posizione verticale.

❋ Scaldare il vino mettendo la bottiglia in acqua calda o troppo vicina ad una violenta fonte di calore.

❋ Decantare qualsiasi tipo di vino, anche frizzante, solo per il gusto dell'effetto scenico.

❋ Portare in tavola bottiglie ricoperte di polvere, poiché la polvere è solo simbolo di poca pulizia.

❋ Scuotere con eccessiva violenza le bottiglie durante l'operazione di stappatura.

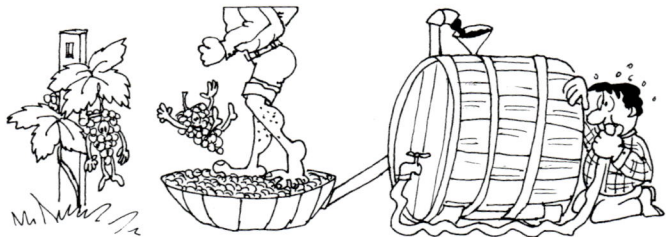

B

1. Al bar:

Dialogo:

- ● Un Alexander, per cortesia.
- ○ Glielo preparo subito.
  E Lei, che cosa gradisce?
- ♣ Avrei sete, avete un cocktail della casa?
- ○ Certo, Le faccio un long-drink, un Raffaella.
- ♣ Che cos'è?
- ○ E' una bibita dissetante con succo di pompelmo.
- ♣ Va bene, me lo prepari pure.

2. Osservate:

Signore, glielo preparo subito.
Signora, glielo preparo subito.

Un long-drink? Va bene, me lo prepari.
Una bibita dissetante? Va bene, me la prepari.

Spiegate la composizione dei vari cocktails

3. Osservate il listino sottostante e chiedete al vostro vicino:

Esempio:
- ● Che cos'è un Bronx?
- ○ E' una miscela di Gin, Vermouth e succo d'arancia con ghiaccio.

- ● Che cos'è ...
- ○ E'...

WHY NOT

1/4 di vodka Smirnoff; 1/4 di bourbon whiskey Jeam Beam; 1/4 di Mandarine Napoléon; 1/4 di cherry brandy Luxardo. Mettete nello shaker ghiaccio a cubetti, quindi la vodka, il bourbon, il liquore al mandarino e il cherry brandy. Agitate e colate in coppetta o in flûte. Guarnite con buccia o fettina d'arancia.

WEST MINT

2/6 di rum bianco; 1/6 di liquore di banana verde; 1/6 liquore di menta; 1/6 di succo di limone; soda o acqua tonica a piacere. Potete preparare questo drink nello shaker o anche direttamente in un tumbler: mettetevi qualche cubetto di ghiaccio, poi il rum, il succo di limone e i liquori. Mescolate e completate con soda o acqua tonica

WAROBOWY 77

5 cl di vodka Wyborowa; 3 cl di succo di limone, 3 cl di Grand Marrnier; 2 cl di Kahlua (liquore al caddè); 2 cl di sciroppo d'orzata (eventualmente riducendone la quantità a uno spruzzo). Agitate e colate in un tumbler. Potete guarnire con foglie di menta e una fettina limone.

WHITE SATIN

1/3 di liquore al caffè; 1/3 di liquore Galliano; 1/3 di crema di latte fresca. Mettete i due liquori e la panna nello shaker, con ghiaccio a cubetti, agitate e colate in una coppa.

4. Ordinate delle bevande utilizzando queste situazioni:

1. Gradite qualcosa senza alcol.
2. Avete molta sete.
3. Berreste volentieri qualcosa con Whisky.
4. Vi piacerebbe provare drinks originali.
5. Non vi piace il Gin.

5. Combinate:

1	vino	a	a lunga conservazione	1	i
2	spremuta	b	al cono	2	
3	latte	c	di pompelmo	3	
4	gelato	d	naturale	4	
5	aperitivo	e	tropicale	5	
6	birra	f	analcolico	6	
7	cocktail	g	alla spina	7	
8	grappa	i	secco	8	
9	spumante	l	forte	9	
10	tè	m	alla pesca	10	
11	ghiaccio	n	brut	11	
12	Whisky	o	in cubetti	12	
13	acqua	p	di malto	13	

C

1. Statistica delle bevande:

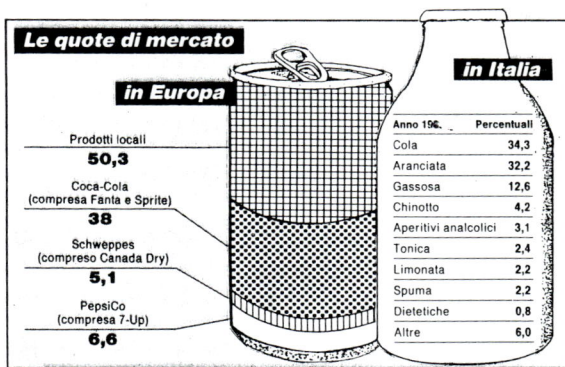

Le quote di mercato in Europa	
Prodotti locali	**50,3**
Coca-Cola (compresa Fanta e Sprite)	**38**
Schweppes (compreso Canada Dry)	**5,1**
PepsiCo (compresa 7-Up)	**6,6**

in Italia Anno 19..	Percentuali
Cola	34,3
Aranciata	32,2
Gassosa	12,6
Chinotto	4,2
Aperitivi analcolici	3,1
Tonica	2,4
Limonata	2,2
Spuma	2,2
Dietetiche	0,8
Altre	6,0

Osservate

Nel 19.. si beveva più   Coca-Cola   che aranciata.
Nel 19.. si beveva meno   aranciata   che Coca-Cola.

2. Al bar

Ascoltate e completate

1.   ● Buon giorno, desiderano?
    ○ Una ....
    ● Chiara o scura?
    ○ ...., per favore.
    - Per me ....
    ● Grazie.

2.   ● ....?
    ○ Per me. E .... è per la signora.
    ● Prego.

3.   ● Dica!
    ○ Un .... con molto ....e poca ....
    ❑ Per me solo ....
    ♥ Un ...., un po' ...., per favore.

3. Ascoltate e rispondete alle domande

a) Che cosa prende il signore?
b) Che cosa prende la signora?

Fonetica

Asccoltate

	Inizio di parola	*in corpo di parola*	
[tʃ]	ciao cena	bruciare arance	ci ce
[dʒ]	Giulio Gemona	mangiare mangeremo	gi ge
[ʎ]	gli	moglie	gli
[ku̯]	quanto	dunque	qu
[r]	rumore	parlare	r
[s]	sono	borsa	s
[z]	slavo	disdetto	s
[ts]		nazione	z
[dz]	zio	pranzo	z
[ɲ]	gnocchi	sogno	gn

— NONA UNITÀ —

1. All'azienda di cura e soggiorno di Montecatini

● Buon giorno, dica, prego.

○ Buon giorno. Ero di passaggio e ho deciso di fermarmi qui a Montecatini per qualche giorno. Volevo qualche indicazione come passare una breve vacanza-cura.

● Beh, questa città termale dispone di 8 stabilimenti di cura le cui acque sono indicate per vari trattamenti: cure idropiniche...

○ Mi scusi, ...cura idropinica, ...non l'avevo mai sentito prima.

● È una cura in cui si beve l'acqua a piccoli sorsi, dal risveglio al tardo pomeriggio, ma soprattutto nelle ore del mattino. È una cura efficace per le malattie del fegato e dell'apparato digerente... Dicevo che ci sono vari altri trattamenti come bagni e fanghi termali per coloro che soffrono per esempio di reumatismi, oppure cure inalatorie e terapie fisiche varie.

○ Lei, che cosa mi suggerisce?

● Guardi, potrebbe anche abbinare due terapie; qui ho una proposta di soggiorno termale guidato. Per sole 208.300 lire, perché siamo in bassa stagione, Lei può passare 12 giorni qui. E sono incluse anche attività del tempo libero.

○ Benissimo. È proprio quello che cercavo. La ringrazio.

● Non c'è di che. Le auguro un buon soggiorno.

TERME DI MONTECATINI
Sezione di Fisioterapia
Istituto Termale "Grocco"

Piscina termale
(aperta tutto l'anno)

PROPOSTA DI SOGGIORNO TERMALE GUIDATO

CICLO DI CURA IDROPINICA - Abbonamento 12 gg. Terme Tettuccio
CICLO DI CURA INALATORIA - 12 inalazioni e aerosol

	MATTINO	*POMERIGGIO*
1° giorno:	Arrivo, visita medica, prescrizione e modalità delle cure	
dal 2° al 7° giorno:	7,30 - 10,30: Cura idropinica 11.00 - 11,30: Cura inalatoria	Spettacolo o Concerto alle Terme Torretta, visita al «Parco Panteraie» con percorso di ginnastica guidata e animazioni, libero ingresso al «Circolo Forestieri» presso le Terme Tamerici (Circolo di Bridge. Mostre d'Arte. Conferenze). Visita guidata a Pistoia.
3° giorno:	Relax e visita a Montecatini Alto con biglietto omaggio A/R per la Funicolare	
dal 9° al 14° giorno:	7,30 - 10,30: Cura idropinica 11,00 - 11,30: Cura inalatoria	Visita guidata a Lucca. Accesso libero al Campo pratico del Golf Club «La Pievaccia» con possibilità di lezioni individuali o collettive a prezzi particolari, 1 ingresso omaggio all'Ippodromo Sesana, sconti particolari per serate nei locali cittadini.

Costo tutto compreso: Alta Stagione (1/8-15/10) L. 236.000
Bassa Stagione L. 208.300

2. Classificate le varie attività della proposta di soggiorno termale

Cultura	sport	escursioni	divertimenti vari

Spettacolo alle Terme
Torretta

3. Ora consigliate voi i clienti servendovi della proposta di soggiorno termale:

● Buon giorno. Vorrei sapere se qui c'è la possibilità di praticare sport.
○ Certamente, signore. .....

● Senta, scusi. C'è qualche gita organizzata, a cui posso partecipare?
○ ....

● Vorrei un'informazione, per favore. Qui, dove si può andare la sera?
○ ....

4. Una giornata ideale alle terme:

TERME DI FONTECCHIO
FIN DAI TEMPI DI ROMA
HOTEL - RISTORANTE
FANGHI - INALAZIONI
CENTRO DI RIABILITAZIONE
ESTETICA - CHECK-UP
06012 CITTÀ DI CASTELLO
Loc. Fontecchio
Tel. (075) 8559440 (4 linee)
Telefax (075) 8557236

– Sveglia	7,30/8,30
– Passeggiata attraverso il parco per arrivare allo stabilimento	
– Inizio della cura idropinica	8,30/9,00
– Termine della cura idropinica	10,30/11,00
– Bevanda calda, tè o cappuccino Relax, musica e lettura	11,00/12,00
– Rientro in albergo a piedi	12,00/12,30
– Pranzo	13,00
– Riposo pomeridiano	14,30/16,30
– Tè, passeggiata o concerto	17,00/19,00
– Cena	19,30
– Passeggiata	
– Ritiro a letto	22,00/22,30

5. Ieri ho trascorso una giornata ideale. Continuate il racconto:

Alle 8.00 mi sono svegliato/a.

.....

> *Osservate:*
>
> Attenzione!   Ho passeggiato
>   Ho camminato

6.

- *cure estetiche personalizzate*
- *diete dimagranti*
- *cura della cellulite*
- *cervicali*
- *reumatismi*
- *postumi di fratture*
- *inalazioni*

★ ★ ★ ★

HOTEL AUGUSTUS TERME

35036 MONTEGROTTO TERME (PD) - TEL. 049/793200

Settimane PESO FORMA

Non giocate con la vostra salute!
Volete dimagrire? Volete far invidia alle amiche o agli amici?
Coraggio è facile! Basta una settimana di vacanze alle Terme nell'accogliente ed esclusivo DIET POINT dell'Hotel AUGUSTUS
- Settimana per la cura del sovrappeso e della obesità: 24 trattamenti specifici - 6 giorni di pensione dieta personalizzata da Lit. 1.248.000
- Settimana anticellulite. 18 trattamenti specifici - 6 giorni di pensione - dieta personalizzata da Lit. 1.1138.000

Quando curarsi è un piacere!

Dal fango il nostro "bene salute"!

Dove la vacanza è salute!

L'acqua è vita!

Tanti motivi per venire da noi!

Quando l'acqua fa buon sangue!

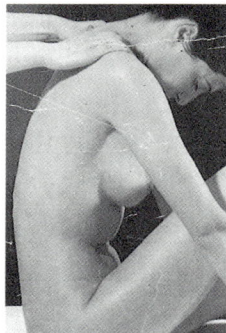

Riprenditi la tua
primavera

7. Inventate un testo pubblicitaro per una località termale della vostra regione

8. Come si può passare il tempo? Domandate e rispondete

Il Museo del Vino - Shopping nella zona pedonale - Il castello - la fortezza - escursioni in battello - palestra - maneggio - Opera lirica e teatro - passeggiate con guida

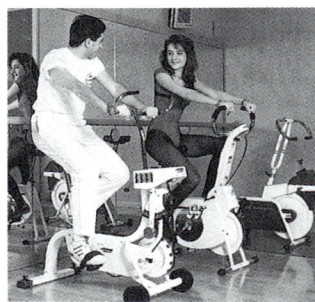

● Cosa ti/Le interessa?

○ Mi interessa .....
la pittura
l'archeologia

● Allora potresti/potrebbe......
... visitare la Pinacoteca.
... visitare il Museo Archeologico

○ Vorrei andare a cavallo ● Allora ....
         fare le compere ....
         vedere un'opera lirica. ....
         praticare sport ....
         partecipare a ... .

9. Dove devono andare i clienti? Date informazioni:

1. farmacia	❏	9. enoteca	❏
2. distributore di benzina	❏	10. galleria d'arte	❏
3. parrucchieria	❏	11. chiesa	❏
4. banca	❏	12. negozio fotografico	❏
5. posta	❏	13. panetteria	❏
6. questura	❏	14. tabaccheria	❏
7. profumeria	❏	15. officina	❏
8. libreria	❏	16. fabbrica	❏

a. Paolo vorrebbe delle diapositive.
b. Il signore americano vuole comprare delle cartoline e un pacchetto di sigarette.
d. La signora Gallo deve fare benzina
e. La signorina Bianchi vuole comprare un vino frizzante.
f. La signora Schmidt cerca dei francobolli speciali.
g. Un cliente ha un guasto alla macchina.
i. I signori Braun devono cambiare marchi.
l. Al signor Shin di Seoul hanno rubato il portafoglio.
m. Una cliente francese si interessa di pittura.

10. Che cosa è sbagliato?

1. Fortezza/castello/zoo/torre/chiesa
2. Archeologia/tennis/pittura/letteratura/storia
3. Passeggiata/escursione/gita/viaggio/pernottamento
4. Ascoltare/osservare/vedere/visitare/guardare/

9

5. Zona pedonale/strada/parco/autostrada/marciapiede
6. Grande magazzino/negozio/boutique/albergo/bottega
7. Dieta dimagrante/cura idropinica/massaggi/aerobica/cura inalatoria
8. Opera lirica/concerto d'organo/rappresentazione teatrale/cena/cinema

11. Guardate la cartina e componete dei dialoghi come nell'esempio:

● Scusi, dov'è il teatro "Verdi"?
○ Prenda questo viale, vada sempre dritto fino al municipio, di fronte al muncipio c'è il teatro Verdi.
● Grazie.

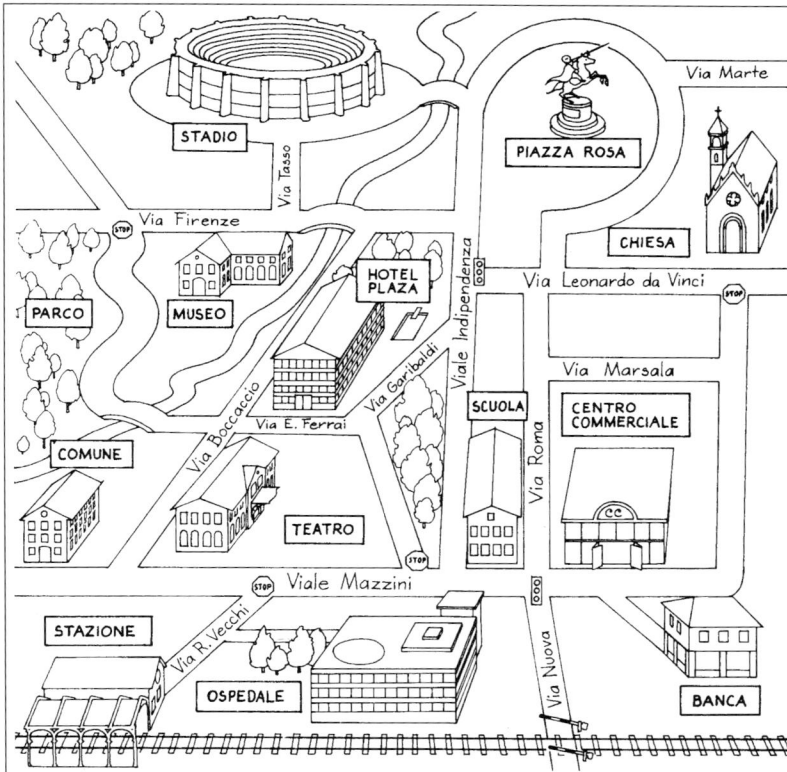

> *Osservate:*
>
> ● Scusi dov'è un parcheggio qui vicino?
>
> ....
>
> qui a destra
> qui a sinistra
> proprio qui all'angolo
> sempre dritto
> la prossima strada a destra
> in fondo alla strada
> di fronte a
> nei dintorni/nei pressi

B

1. Dove e come sciare quest'inverno? Su piste sempre più nervose, o nei distesi caroselli da una valle all'altra; su un fondo ben battuto o nei solitari fuoripista. Ma c'è anche chi preferisce altre specialità: sci estremo, sci alpinismo, fuoripista (helisci), monosci, snow surf ...

2. Osservate il dépliant su Val di Fassa a pagina 114 e completate la tabella

Val di Fassa	
Piste	
Skipass	
Innevamento	
Impianti di risalita	
Impianti sportivi	
Intrattenimenti	

3. Raccomandate una località sciistica

● Buon giorno. Vorrei trascorrere la settimana bianca in un posto dove c'è la neve di sicuro.

○ _____

● Certo, con questi "cannoni" dovrebbe essere garantita. ... E le località offrono anche possibilità di divertimento? Sa, ho due figli, uno di diciassette e uno di diciotto anni.

○ _____

● Potrei avere dei dépliants? Così li farò vedere alla mia famiglia.

○ _____

● Grazie, buon giorno.

4. Dialogo:

● Senta, scusi, vorrei fare un corso di sci, ma non ho l'abbigliamento adatto. Sarebbe possibile noleggiarlo?

○ Certo, lo può fare qui in albergo. Che cosa Le occorre?

● Praticamente tutto, ho solo i guanti.

○ Allora si accomodi nel nostro magazzino, il nostro incaricato l' aiuterà volentieri a scegliere l'attrezzatura adatta.

● Grazie.

5. All'azienda di soggiorno
Completate il dialogo

● Buon giorno. Vorremmo una camera matrimoniale per tre giorni, fino al 10 dicembre, in una pensione vicina alle piste.

○ _____

● Già, in questo periodo dell'anno è tutto pieno. E quanto viene allora un monolocale in questo residence?

○ _____

● Va bene. È lontano da qui?

○ _____

● Bene. Ah, senta, noi abbiamo anche un cane. Lo accetteranno, spero.

○ _____

● Benissimo. Grazie tante, arrivederLa.

6. Presentate una località sciistica che conoscete

gite con slitta trainata da cavalli - skikindergarten - serate folcloristiche nel rifugio-pendii ripidi - neve polverosa - piste naturali (poco o niente tracciate) - sled-dog

C

1. La partenza degli ospiti

● Buon giorno.
○ Buon giorno, dottore. È arrivato il giorno della partenza. Si è trovato bene da noi?
● Sì, molto. Mi ha preparato il conto?
○ Sì, attenda... prego.
● Ecco 890.000 lire. Devo anche ritirare alcune cose che ho depositato in cassaforte.
○ Mi dà la Sua ricevuta per la custodia valori, per cortesia?
● Prego.
○ Grazie. Ecco a Lei, dottore. C'è altro che posso fare per Lei?
● Sì, se arriva posta, la può spedire a questo indirizzo?
○ Naturalmente.
● Bene. Mi fa portare giù il bagaglio mentre faccio prima colazione?
○ Certamente. Il Suo tassì sarà qui fra mezz'ora.
● Grazie.
○ Prego. ArrivederLa e buon viaggio.

2. Completate i dialoghi

● Buon giorno. Il mio conto è pronto?
○ _____
● Ecco 480.000 lire, prego.
○ _____
● Sì, solo la camera era un po' rumorosa.
○ _____
● Sì, mi serve alle 12.00 per andare all'aeroporto.
○ _____
● Grazie.

3. ● Buon giorno. Parto oggi e vorrei il mio conto.
○ _____
● Bacchetti. Camera 410.
○ _____
● D'accordo. Ripasserò tra un'ora.

4. Dialogo

● Buon giorno, professore.
○ Buon giorno. Senta scusi, credo che ci sia un errore. Mi avete addebitato una telefonata di troppo. Il 23 giugno non c'ero neanche.
Sono stato fuori tutto il giorno e sono rientrato solo la notte.
● Si può verificare subito. Mi fa vedere il conto, per favore?
○ Eccolo.
● Grazie. Allora il 23. Camera 210. Un attimo, per favore. - Sì, ha ragione. Ha cambiato camera e così è successo questo errore. Lei paga quindi 23.000 lire di meno. La prego di scusarci.
○ Può succedere. Comunque ero sicuro che quel giorno non avevo telefonato.

Osservate:

Credo che ci sia un errore

5. Variate il dialogo utilizzando le situazioni seguenti:

● Abbiamo bevuto solo una bottiglia di champagne.
● Abbiamo pernottato solo una volta.
● Il numero della camera sul conto non è giusto.

6. Ascoltate e scegliete la risposta giusta

1. Il signore desidera

a) cenare
b) pagare
c) un tassì per le 11.30

2. La signora aveva

a) una camera singola
b) una camera matrimoniale

La fattura andava spedita

a) al domicilio della signora
b) alla ditta della signora
c) all'ufficio del marito

Fonetica

Ascoltate

Vocale		breve		lunga
e aperta	[ɛ]	è sette conoscenza gente caffè	[ɛ:]	dieci viene ero cameriere piede
e chiusa	[e]	veramente momento campeggio me perché	[e:]	bere mese credere pineta vedremo
o aperta	[ɔ]	negozio verrò ho no oggi	[ɔ:]	buono duomo liquore storia piovere
o chiusa	[o]	mondo doccia bisogna montagna pomeriggio	[o:]	amore faticoso per favore persona condizione

Indice della grammatica

§ 1 **Articoli determinativi**

1.1. L' - LO - IL: MASCHILE SINGOLARE

l'	**lo**	**il**
albergo	studente	cuoco
italiano	svizzero	lavoro
austriaco	spagnolo	letto
inglese	zucchero	cameriere
errore	zabaione	direttore
originale		portiere

1.2. GLI - I: MASCHILE PLURALE

gli	**gli**	**i**
alberghi	studenti	cuochi
italiani	svizzeri	lavori
austriaci	spagnoli	letti
inglesi	zuccheri	camerieri
errori		direttori
originali		portieri

Osservate:

l' vocale	_ _ _ _ O		●	gli vocale	_ _ _ _ _ I
	_ _ _ _ E				_ _ _ _ _ I
lo s+consonante	O		●	gli s+consonante _	I
	_ _ _ _ E				_ _ _ _ _ I
lo z	_ _ _ _ O		●	gli z	_ _ _ _ _ I
	_ _ _ _ E				_ _ _ _ _ I
il	_ _ _ _ O		●		_ _ _ _ _ I
	_ _ _ _ E				_ _ _ _ _ I

1.3. L' - LA: FEMMINILE SINGOLARE

l'

italiana
austriaca
enoteca
inglese
uniforme
assistente

la

cameriera
zona
segretaria
direttrice
governante
chiave

1.4. LE: FEMMINILE PLURALE

le

italiane
austriache
enoteche
inglesi
uniformi
assistenti

le

cameriere
zone
segretarie
direttrici
governanti
chiavi

Osservate

l' vocale	_____ A	● le vocale	_____ E
	_____ E		_____ I
la	_____ A	● le	_____ E
	_____ E		_____ I

---

§ 2   **Articoli indeterminativi**

2.1. Uno - un: MASCHILE SINGOLARE

uno

sbaglio
studente
svizzero
spagnolo
zabaione

un

albergo
cuoco
italiano
direttore

2.2. Un'- Una: FEMMINILE SINGOLARE

un'

italiana
austriaca
enoteca
uniforme
assistente

una

cameriera
zona
segretaria
direttrice
governante

§ 3   Aggettivi

3.1. GLI AGGETTIVI CHE TERMINANO IN «O/A» ED IN «E»

Singolare

Il   cuoco
                    italiano
      cameriere

Il   cuoco
                    professionale
      cameriere

Plurale

I   cuochi
                    italiani
     camerieri

I   cuochi
                    professionali
     camerieri

La	segretaria		Le	segretarie	
		nuova			nuove
	governante			governanti	

La	segretaria		Le	segretarie	
		efficiente			efficienti
	governante			governanti	

Osservate:

Singolare (M/F)	plurale (M/F)	singolare (M=F)	plurale (M=F)
nuovo/a	→ i/e	sufficiente	→ i
italiano/a		grande	
moderno/a		professionale	
buono/a		gentile	

3.2. *Alcuni aggettivi sono inviariabili: blu, rosa, viola, arancio, arancione*

Esempi: l'uniforme blu   Le uniformi blu

3.3. *L'aggettivo «bello» ha diverse forme davanti a un nome maschile che seguono la stessa regola dell'articolo determinativo:*

Singolare: un bel ragazzo   Plurale: bei ragazzi
               un bell'albergo   begli alberghi
               un bello studente   begli studenti

NB: Il ragazzo   I ragazzi
               l'albergo è bello   Gli alberghi sono belli
               lo studente   Gli studenti

3.4. *L'aggettivo «quello» segue la stessa regola di bello*

Singolare   Plurale:
               quel cameriere   quei camerieri
               quello studente   quegli studenti
               quell'albergo   quegli alberghi

§ 4   Avverbi

	aggettivi		**avverbi**	
il ristorante è Questo vino è	buono. cattivo.	Qui si mangia (Tu) lavori	bene. male.	
	aggettivi		**avverbi derivati.**	
Lui viene, ne sono Questo treno è Quello che ti dico è Questo è un locale	certo. diretto vero. tipico.	Lui viene Da qui si può chiamare Lo pensi È un locale	certamente. direttamente veramente? tipicamente	italiano.
Il cameriere è Questo vino non è	veloce. forte.	Il cameriere serve Questo vino è	velocemente. fortemente	zuccherato.
Prende la camera? È Vorrei pagare. È Questo è un lavoro	probabile., possibile? leggero.	Può pagare La minestra è	Probabilmente possibilmente leggermente	prende la camera. in contanti? salata.

§ 5   Indicativo presente regolare:

5.1. INDICATIVO PRESENTE REGOLARE:

	prenotARE	**ricevERE**	**servIRE**
io	prenot-o	ricev-o	serv-o
tu	prenot-i	ricev-i	serv-i
[egli/essa/ella] *lui/lei/Lei	prenot-a	ricev-e	serv-e
noi	prenot-iamo	ricev-iamo	serv-iamo
voi	prenot-ate	ricev-ete	serv-ite
[essi/esse] *loro/Loro	prenot-ano	ricev-ono	serv-ono

* nella lingua parlata anche per influsso dei media si tende ad utilizzare "lui/lei" per il singolare e "loro" per il plurale.

Osservate:	-ARE	-ERE	-IRE
	-o	-o	-o
	-i	-i	-i
	-a	-e	-e
	-iamo	-iamo	-iamo
	-ate	-ete	-ite
	-ano	-ono	-ono

produrre

io	produco
tu	produci
*lui/lei/Lei	produce
noi	produciamo
voi	producete
*loro/Loro	producono

	preferIRE	capIRE	spedIRE
io	prefer**isco**	cap**isco**	sped**isco**
tu	prefer**isci**	cap**isci**	sped**isci**
*lui/lei/Lei	prefer**isce**	cap**isce**	sped**isce**
noi	preferiamo	capiamo	spediamo
voi	preferite	capite	spedite
*loro/Loro	prefer**iscono**	cap**iscono**	sped**iscono**

	cerCARE	paGARE
io	cerco	pago
tu	cerc-**h**-i	pag-**h**-i
*lui/lei/Lei	cerca	paga
noi	cerc-**h**-iamo	pag-**h**-iamo
voi	cercate	pagate
*loro/Loro	cercano	pagano

5.2. INDICATIVO PRESENTE IRREGOLARE

	stare	fare	dare	andare
io	sto	faccio	dò	vado
tu	stai	fai	dai	vai
*lui/lei/Lei	sta	fa	dà	va
noi	stiamo	facciamo	diamo	andiamo
voi	state	fate	date	andate
*loro/Loro	stanno	fanno	danno	vanno

	volere	dovere	potere	sapere	bere
io	voglio	devo	posso	so	bevo
tu	vuoi	devi	puoi	sai	bevi
*lui/lei/Lei	vuole	deve	può	sa	beve
noi	vogliamo	dobbiamo	possiamo	sappiamo	beviamo
voi	volete	dovete	potete	sapete	bevete
*loro/Loro	vogliono	devono	possono	sanno	bevono

	dire	riuscire	salire	uscire	venire
io	dico	riesco	salgo	esco	vengo
tu	dici	riesci	sali	esci	vieni
*lui/lei/Lei	dice	riesce	sale	esce	viene
noi	diciamo	riusciamo	saliamo	usciamo	veniamo
voi	dite	riuscite	salite	uscite	venite
*loro/Loro	dicono	riescono	salgono	escono	vengono

	essere	avere
io	sono	ho
tu	sei	hai
*lui/lei/Lei	è	ha
noi	siamo	abbiamo
voi	siete	avete
*loro/Loro	sono	hanno

§ 6   Le preposizioni

6.1. DOVE?

Andare	a	Tokyo Roma Vienna	} CITTÀ
		fare le spese mangiare dormire	} INFINITO
	in	Italia Germania America Olanda Umbria Toscana	} NAZIONI } REGIONI
	in+articolo in+la = nella = nella in+gli = negli in+i = nei in+l' = nell'	bell'Italia Repubblica Fed. T. Stati Uniti Paesi Bassi Umbria verde	} NAZIONI/REGIONI (con aggettivo/i)
	da	Luisella Gaetano	} NOMI PROPRI
	da+articolo da+la = dalla da+il = dal dal	signora Rossi medico parrucchiere	} COGNOMI MESTIERI

6.2. DA DOVE?

Venire	da			Tokyo Roma Vienna	} CITTA'
	da+articolo da+l' da+la da+i da+gli	= = = =	dall' dall' dall' dalla dalla dalla dalla dai dagli	Italia America Olanda bell'Italia Germania Repubblica F. T. Sicilia Paesi Bassi Stati Uniti	} NAZIONI/REGIONI (con o senza aggettivo/i)
	da			Luisella Gaetano	} NOMI DI PERSONA
	da+articolo da+la da+il	= =	dalla dal dal	signora Rossi medico parrucchiere	} PERSONE

6.3. DOVE?

Andare				
	a		teatro lezione casa scuola letto	} *
	a+articolo			
	a+il=	al	ristorante cinema mare lago bar centro pronto soccorso	} *
	a+la=	alla	ricezione stazione posta mensa	} *
	a+l'=	all'	agenzia di viaggio aeroporto	} *
	in		albergo cucina banca città direzione classe campagna ufficio biblioteca chiesa piscina spiaggia farmacia camera	} *
			portineria segreteria lavanderia gelateria pizzeria tabaccheria macelleria pasticceria tintoria	} NOMI IN -ERIA
	in+articolo			
	in+la= in+il=		nella hall nella sala tv/da pranzo nel soggiorno	

* L'uso di queste preposizioni si apprende solo tramite numerosi esercizi.

6.4. DA DOVE?

Venire	da	casa	} *
	da+articolo		
	da+il= da+la=	dal mare dal teatro dalla banca dalla posta dalla pizzeria	*

* L'uso di queste preposizioni si apprende solo tramite numerosi esercizi

6.5. SCHEMA RIASSUNTIVO DELLE PREPOSIZIONI ARTICOLATE

	maschile					femminile		
	l'	lo	gli	il	i	l'	la	le
a	all'	allo	agli	al	ai	all'	alla	alle
da	dall'	dallo	dagli	dal	dai	dall'	dalla	dalle
di	dell'	dello	degli	del	dei	dell'	della	delle
in	nell'	nello	negli	nel	nei	nell'	nella	nelle
su	sull'	sullo	sugli	sul	sui	sull'	sulla	sulle

§ 7   La particella "ci"

CI + ANDARE, VENIRE, STARE, RESTARE, RIMANERE

Quando vai/va | **in albergo?**

Ci vado subito.

Quando andiamo | **a ballare?**

Ci andiamo sabato sera.

A che ora venite | **da me?**

Ci veniamo dopo cena.

State bene | **a Perugia?**

Sì, **ci** stiamo molto bene.

Signora, quanto tempo rimane | **a Vienna?**

Ci rimango due settimane.

§ 8	**Articoli partitivi**

8.1. "DI" + ARTICOLO

Notate la differenza:

Compro **del** pane. - Compro **un filone** di pane.
Vuoi **dell'**aranciata? - Vuoi **un bicchiere** di aranciata?
Gaetano porta **dei** fiori a Luisella. - Gaetano porta **15** rose rosse a Luisella.
Parliamo con **dei** turisti inglesi. - Parliamo con **3** turisti inglesi.

NB: L'articolo partitivo si può anche omettere: Gaetano porta fiori a Luisella.

8.2. IL PRONOME PARTITIVO "NE"

Uso:
1. Quando la domanda contiene **l'articolo partitivo:**
    Esempio: Vuoi dell'aranciata? Sì, **ne** voglio un pò.
2. Quando una frase contiene un'**indicazione di quantità:**
    Esempi: Ho comprato un filone di pane.   **Ne** vuoi **la metà?**
    Quanti studenti stranieri conosci?   **Ne** conosco **parecchi.**
                                              Non **ne** conosco **nessuno.**

    Quante sigarette fumi al giorno?   **Ne** fumo **10.**

Osservate:				
ne	numeri:	1,2,3,...1.000.000,...	**lo/la/li/le**	tutto
	avverbi:	abbastanza, affatto,...		tutta
	pronomi:	molto/a/i/e, poco/a, pochi/e,		tutti
		nessuno/a		tutte

Attenzione!
Quanto pane hai preso? **Ne** ho preso **abbastanza.**
Mangi molta pasta? No, non **ne** mangio **affatto.**

8.3. IL PRONOME PARTITIVO "NE" ED IL PASSATO PROSSIMO:

Hai bevuto tutta l'aranciata?   No, ma **ne** ho bevut**a** molt**a**.
Quante sigarette hai fumato?   **Ne** ho fumat**e** molt**e**.
                                        Non **ne** ho fumat**a** nessun**a**.
Quanti studenti stranieri avete conosciuto?   **Ne** abbiamo conosciut**i** parecch**i**.

§ 9   L'imperativo

9.1. L'IMPERATIVO DEI VERBI REGOLARI

prenotare			scrivere			servire		
	Indicativo	/ Imperativo		Indicativo	/ Imperativo		Indicativo /	Imperativo
io	**prenoto** *)	–		**scrivo***)	—		**servo***)	–
tu	prenoti	prenota		scrivi	= scrivi		servi	servi
Lei	prenota	prenoti		scrive	—— scriva		serve	—— serva
noi	prenotiamo =	prenotiamo		scriviamo	= scriviamo		serviamo	serviamo
voi	prenotate	= prenotate		scrivete	= scrivete		servite	servite
Loro	prenotano ——	prenotino		scrivono	—— scrivano		servono	—— servano

*) Prenoto una camera.
   Scrivo una lettera.
   Servo la colazione.

Osservate

IMPERATIVO - TU

Roberto,   NON prenotare la camera!
Luisella, NON scrivere la lettera!
Valeria,   NON servire la colazione!

NON + INFINITO

9.2. L'IMPERATIVO DEI VERBI IRREGOLARI

	essere	avere	dare	stare
tu	sii *)	abbi *)	dà (dai/da') *)	sta (stai/sta') *)
Lei	sia	abbia	dia	stia
noi	siamo	abbiamo	diamo	stiamo
voi	siate	abbiate	date	state
Loro	siano	abbiano	dicano	stiano

	fare	andare	dire
tu	fa (fai/fa') *)	va (vai/va') *)	di'
Lei	faccia	vada	dica
noi	facciamo	andiamo	diciamo
voi	fate	andate	dite
Loro	facciano	vadano	dicano

*) Sii puntuale!
   Abbi pazienza!
   Dà la chiave al cliente!
   Sta attento!
   Fa presto!
   Va al lavoro!
   Di' la verità!

9.3. L'IMPERATIVO E I PRONOMI

Forma di cortesia: il pronome sta sempre davanti al verbo.

Prenoti la camera!
Scrivi la lettera!
Spedisca il telegramma!
Mi dia la chiave, per favore!

La	prenoti!
La	scriva!
Lo	spedisca!
Me la	dia!
Si	accomodi, prego!

In tutti gli altri casi il pronome viene attaccato al verbo.

Taglia la verdura!	Taglia*la*!
Ricevete gli ospiti!	Ricevete*li*!
Prepariamo i tavoli!	Prepariamo*li*!
Consegna la chiave al cliente!	Consegna*gliela*!
	Accomodate*vi*, prego!

Osservate!

Da' la lettera a me!	Dammela!
Fa' il favore a me!	Fammelo!
Va' dal direttore!	Vacci subito!

§ 10   I pronomi riflessivi:

10.1. INDICATIVO PRESENTE

Soggetto	pronomi riflessivi
(io) svegliarsi	mi sveglio
(tu) alzarsi	ti alzi
*(lui/lei/Lei) pettinarsi	si pettina
(noi) vestirsi	ci vestiamo
(voi) prepararsi	vi preparate (per uscire)
*(loro/Loro) annoiarsi	si annoiano

10.2. PASSATO PROSSIMO

(io)	mi sono svegliato/a
(tu)	ti sei svegliato/a
*(lui/lei/Lei)	si è pettinato/a
(noi)	ci siamo vestiti/e
(voi)	vi siete preparati/e
*(loro/Loro)	si sono annoiati/e

10.3. *Osservate:*

Con **dovere, potere, volere,** avete due possibilità:

Ho dovuto fermar**mi** a Milano = **Mi sono** dovut**o/a** fermare a Milano
Ha potuto sistemar**si** all'Hilton = **Si è** potut**o/a** sistemare all'Hilton.
Abbiamo voluto svegliar**ci** presto = **Ci siamo** volut**i/e** svegliare presto.

§ 11   Pronomi personali

11.1 *PRONOMI PERSONALI DIRETTI*

Soggetto	Oggetto	diretto
	pronomi diretti atoni	pronomi diretti tonici
(io)	mi + verbo [*]	verbo + me
(tu)	ti + verbo	verbo + te
(lui)	lo + verbo	verbo + lui
(lei/Lei)	la/La + verbo	verbo + lei/Lei
(noi)	ci + verbo	verbo + noi
(voi)	vi + verbo	verbo + voi
(loro) mP	li + verbo	verbo + loro
fP	le + verbo	verbo + loro
(Loro) mP	Li + verbo	verbo + Loro
fP	Le + verbo	verbo + Loro

[*] Verbo di modo finito

Esempi:

Pronomi diretti atoni:
Gaetano **mi** invita a cena.
Ti chiamo domani.
Chi è questo signore? **Lo** conosci?
Bella, questa camera! **La** prendo!
Signora, a che ora **La** devo chiamare?
Il direttore **ci** riceve nel suo ufficio.
Fate attenzione, **vi** prego!
Signori, **Vi** aspetto al bar!
Prendo gli spaghetti. **Li** vuoi anche tu?
Ecco le patate! **Le** mangi?
Signori, **Li** aspetto al bar!

Pronomi diretti tonici:
Chi cerca? **Me?**
Amo solo **te**!
Chi è questo? Kevin Costner? - Sì, è proprio **lui!**
Scusi, chi è **Lei?**

Osservate!

Lo voglio invitare/voglio invitar**lo**.
La dobbiamo aspettare/dobbiamo aspettar**la**.
Li posso informare/posso informar**li**.

11.2. I PRONOMI PERSONALI DIRETTI
ED I TEMPI COMPOSTI

Osservate:

Ho visto Mario.	**Lo** ho vist**o.**
	L'ho vist**o.**
Ho visto Maria.	**La** ho vist**a.**
	L'ho vista.
Ho visto Mario e Maria.	**Li** ho vist**i.**
Ho visto Maria e Lucia.	**Le** ho vist**e.**

§ 12   Il futuro semplice

12.1 IL FUTURO SEMPLICE DEI VERBI REGOLARI

	Domandare	**Ricevere**	**Partire**
(io)	domanderò	riceverò	partirò
(tu)	domanderai	riceverai	partirai
*(lui/lei/Lei)	domanderà	riceverà	partirà
(noi)	domanderemo	riceveremo	partiremo
(voi)	domanderete	riceverete	partirete
*(loro/Loro)	domanderanno	riceveranno	partiranno

Verbi in -ciare e -giare

	Cominci-are	**Mangi-are**
(io)	comincerò	mangerò
(tu)	comincerai	mangerai
(lui/lei/Lei)	comincerà	mangerà
(noi)	cominceremo	mangeremo
(voi)	comincerete	mangerete
(loro/Loro)	cominceranno	mangeranno

Verbi in -care e -gare

	Dimenti-care	**Pa-gare**
(io)	dimenticherò	pagherò
(tu)	dimenticherai	pagherai
(lui/lei/Lei)	dimenticherà	pagherà
(noi)	dimenticheremo	pagheremo
(voi)	dimenticherete	pagherete
(loro/Loro)	dimenticheranno	pagheranno

Attenzione! Verbi irregolari

	(io)		(io)
avere	avrò	bere	berrò
andare	andrò	rimanere	rimarrò
dare	darò	venire	verrò
dire	dirò	volere	vorrò
dovere	dovrò		
essere	sarò	produrre	produrrò
fare	farò	tradurre	tradurrò
potere	potrò		
stare	starò		
vedere	vedrò		

12.2. IL FUTURO ANTERIORE

Quando la segretaria **avrà scritto** la lettera, andrà al bar.
Dopo che **sarete andati/e** al mercato, aiuterete lo chef.
Appena **avremo apparecchiato,** mangeremo.

§ 13 Aggettivi e pronomi possessivi

13.1. AGGETTIVI POSSESSIVI

(io)		(tu)		(lui/lei)		(Lei)		
	il mio		il tuo		il suo		il Suo	bagaglio
	la mia		la tua		la sua		la Sua	valigia
	i miei		i tuoi		i suoi		i Suoi	bagagli
	le mie		le tue		le sue		le Sue	valigie

(noi)		(voi)		(loro/Loro)		
	il nostro		il vostro		il loro/Loro	bagaglio
	la nostra		la vostra		la loro/Loro	valigia
	i nostri		i vostri		i loro/Loro	bagagli
	le nostre		le vostre		le loro/Loro	valigie

13.2. AGGETTIVI POSSESSIVI con nomi indicanti relazioni di famiglia o parentela

Singolare					Plurale					
(io)	mio	zio	mia	zia	i	miei	zii	le	mie	zie
(tu)	tuo	cugino	tua	cugina	i	tuoi	cugini	le	tue	cugine
(lui/lei)	suo	fratello	sua	sorella	i	suoi	fratelli	le	sue	sorelle
(Lei)	Suo	fratello	Sua	sorella	i	Suoi	fratelli	le	Sue	sorelle
(noi)	nostro	nonno	nostra	nonna	i	nostri	nonni	le	nostre	nonne
(voi)	vostro	figlio	vostra	figlia	i	vostri	figli	le	vostre	figlie
(loro)	il loro	suocero	la loro	suocera	i	loro	suoceri	le	loro	suocere
(Loro)	il Loro	suocero	la Loro	suocera	i	Loro	suoceri	le	Loro	suocere

Osservate: La mia mamma
Il mio papà

13.3. PRONOMI POSSESSIVI

Di chi è/Di chi sono?

Di chi	è	questo portafoglio? questa borsa?	E'	(il) mio. (il) suo. (la) mia. (la) sua.
	sono	questi occhiali? queste valige?	Sono	(i) miei. (i) suoi. (le) nostre. (le) loro.

Indicativo passato prossimo

14.1. FORMAZIONE DEL PASSATO PROSSIMO CON L'AUSILIARE "AVERE"

Infinito	Ausiliare	Participio Passato
preparare	(io) ho	preparato i tavoli
	(tu) hai	
ricevere	(lui/lei/Lei) ha	ricevuto gli ospiti
	(noi) abbiamo	
servire	(voi) avete	servito la colazione
	(loro/Loro) hanno	
produrre		prodotto il vino

> **Osservate:** Preparare, ricevere, servire, produrre, ecc. qualcosa/qualcuno. Possiamo dire che i verbi come "preparare" sono transitivi e formano il pass. pross. con l'ausiliare "avere".

14.2. FORMAZIONE DEL PASSATO PROSSIMO CON L'AUSILIARE "ESSERE"

Infinito	Ausiliare	Participio passato
andare	(io) sono	andato/a in albergo
entrare	(tu) sei	entrato/a nella camera
uscire	(lui/lei/Lei) è	uscito/a da solo/a
partire	(noi) siamo	partiti/e presto
arrivare	(voi) siete	arrivati/e in tempo
salire	(loro/Loro) sono	saliti/e in ascensore

> **Osservate:** andare, entrare, uscire, partire, arrivare, salire, sono verbi di moto.

Altri verbi che prendono l'ausiliare **essere** nei tempi composti: venire, stare, riuscire, (ri)tornare, scendere, diventare, essere, rimanere, costare, succedere, piacere, piovere, nevicare.

Esempi: La macchina **è** costat**a** molto
Sono successe molte cose
L'hotel **è** piaciut**o** molto
Ieri **è** piovuto/nevicato tutto il giorno

Attenzione: I turisti **hanno** camminato per molte ore
Il direttore **ha** viaggiato molto
Valeria **ha** sciato dalla mattina alla sera

14.3. VERBI CON PARTICIPI IRREGOLARI

Infinito	Participio passato	Ausiliare Avere/Essere
accendere	acceso	A
aprire	aperto	A
attendere	atteso	A
bere	bevuto	A
chiedere	chiesto	A
chiudere	chiuso	A
correre	corso	A - E
decidere	deciso	A
dire	detto	A
essere	stato	E
fare	fatto	A
mettere	messo	A
offrire	offerto	A
perdere	perso (perduto)	A
prendere	preso	A
rimanere	rimasto	E
rispondere	risposto	A
scendere	sceso	E
scoprire	scoperto	A
scrivere	scritto	A
succedere	successo	E
trascorrere	trascorso	A-E
vedere	visto	A

Osservate: ● Avete trascorso un week-end ottimo?
● La vacanza è trascorsa velocemente.

I pronomi personali indiretti

15.1 SOGGETTO E OGGETTO INDIRETTO

Soggetto	Oggetto indiretto	
	atoni	tonici
(io)	mi + verbo [1]	verbo + a [2] me
(tu)	ti + verbo	verbo + a te
*(lui)	gli + verbo	verbo + a lui
*(lei/Lei)	le/Le + verbo	verbo + a lei/a Lei
(noi)	ci + verbo	verbo + a noi
(voi)	vi + verbo	verbo + a voi
(loro) mP + fP	gli + verbo	verbo + a loro
(Loro) mP + fP	gli + verbo	verbo + a Loro
	verbo + loro Loro	

[1] Verbo di modo finito
[2] La preposizione può anche essere: con, da, di, in, fra/tra, per, su

Esempi:
Pronomi personali indiretti atoni
Mi porti una birra, per favore!
Ti telefono domani!
Chi scrive a Gaetano? - **Gli** scrive Luisella.
Chi scrive a Luisella? - **Le** scrive Gaetano.
Signora, **Le** vorrei parlare.
Dottore, **Le** posso telefonare all'ora di pranzo?
I nostri amici **ci** hanno offerto la cena.
Vi presento la mia amica giapponese.
Hai telefonato a Pino e Mario? - No, ma **gli**[*] telefono subito/No, ma telefono **loro** subito.
Avete scritto a Barbara e Pina? - Sì, **gli**[*] abbiamo scritto ieri/Sì, abbiamo scritto **loro** ieri.

[*] Forma utilizzata nella lingua parlata.

15.2. PRONOMI PERSONALI INDIRETTI TONICI

Vieni **con me?**
Allora, stasera ci vediamo **da te!**
Gaetano va via e Luisella va **con lui.**
Ho aperto questo vino **per Lei!**

Osservate!
Signore, **Le** vorrei parlare/Vorrei parlar**Le.**
Ti voglio dare un consiglio/Voglio dar**ti** un consiglio.
Vi posso offrire un caffè?/Posso offrir**vi** un caffè?

---

§ 16   Schema riassuntivo dei pronomi personali

Soggetto	oggetto diretto		oggetto indiretto		pronomi	
	accusativo		dativo		riflessivi	
	atoni	tonici	atoni	tonici	atoni	tonici
(io)	mi	me	mi	a me	mi	me
(tu)	ti	te	ti	a te	ti	te
*(lui)	lo	lui	gli	a lui	si	sè
*(lei/Lei)	la/La	lei/Lei	le/Le	a lei/a Lei	si	sè
(noi)	ci	noi	ci	a noi	ci	noi
(voi)	vi	voi	vi	a voi	vi	voi
*(loro) mP / fP	li / le	} loro	} gli/loro	} a loro	} si	} sè
(Loro) mP / fP	Li / Le	} Loro	} gli/Loro	} a Loro	} si	} sè

§17   Il condizionale semplice

17.1. IL CONDIZIONALE SEMPLICE DEI VERBI REGOLARI

	domandare	**ricevere**	**partire**
(io)	domanderei	riceverei	partirei
(tu)	domanderesti	riceveresti	partiresti
*(lui/lei/Lei)	domanderebbe	riceverebbe	partirebbe
(noi)	domanderemmo	riceveremmo	partiremmo
(voi) d	domandereste	ricevereste	partireste
* (loro/Loro)	domanderebbero	riceverebbero	partirebbero

17.2. VERBI IN -CARE E -GARE

-ciare e -giare

	(io)
dimenticare	dimenticherei
pagare	pagherei
cominciare	comincerei
mangiare	mangerei

17.3. IL CONDIZIONALE SEMPLICE DEI VERBI IRREGOLARI

	(io)		**(io)**
avere	avrei	bere	berrei
andare	andrei	rimanere	rimarrei
dare	darei	venire	verrei
dire	direi	volere	vorrei
dovere	dovrei		
essere	sarei	produrre	produrrei
fare	farei	tradurre	tradurrei
potere	potrei		
stare	starei		
vedere	vedrei		

17.4. USO DEL CONDIZIONALE

Richiesta (Scusi, signorina, potrebbe dirmi che ore sono?)
Desiderio (Vorrei fare un lungo viaggio.)
Dubbio (Domani potrei partire con voi, ma ancora non lo so con sicurezza.)
Opinione personale (Direi che sarebbe meglio parlare con il direttore.)
Riferimento di notizie non confermate (All'Hôtel Manzoni un maître prenderebbe uno stipendio da capogiro.)

§ 18	Comparativi e superlativi

18.1. *«PIU'...CHE» «MENO...CHE».*

1. Paragone fra due **quantità** o **sostantivi**

I succhi di frutta 100% contengono	**più**	acqua	**che**	zuccheri.
Gli italiani bevono	**meno**	birra	**che**	vino.

2. Paragone fra due azioni o verbi

I bambini bevono	**più**	latte	**che**	(bevono) gli adulti.
Al Nord si consumano	**meno**	succhi di frutta	**che**	(si consumano) al Sud.

3. Paragone fra due **qualità** o **aggettivi**

I succhi di frutta sono	**più**	dolci	**che**	buoni.
Il brik è	**meno**	bello	**che**	comodo.

4. Paragone fra due **nomi preceduti da preposizione (complementi indiretti)**

Nell'80 si vendevano	**più**	succhi di frutta in bottigliette	**che**	nel brik.
Vado	**più**	volentieri al cinema	**che**	al bar.

18.2. COMPARATIVO DI UGUAGLIANZA

Al Nord si beve Il gusto alla pesca è Luisella è	**tanto** **così**	succo di frutta amato gentile	**quanto** **come**	al Centro. il gusto alla pera. Valeria.

18.3. (PIU'...DI) (MENO...DI)

"Di" si mette solo davanti a:

1. **un nome** (non retto da preposizione)

Pino è Il brik è	**più** **meno**	professionale caro	**di** **della**	Andrea. bottiglia di vetro.

2. **un pronome** (non retto da preposizione)

Luisella ha Il tuo personale è	**più** **meno**	esperienza qualificato	**di** **del**	me. mio.

3. **un avverbio**

Dopo il rimprovero Maria Una volta si consumavano	è	**più** **più**	precisa limonate	**di** **di**	prima. adesso.

18.4. SUPERLATIVO RELATIVO

E' il cameriere E' stata l'esperienza E' il cliente	**più** **più** **meno**	veloce di tutti. brutta della mia vita. simpatico che abbiamo avuto fino ad oggi.

18.5. SUPERLATIVO ASSOLUTO

Il signor Okassis è	molto ricco	= **ricchissimo**
Luisella è	molto gentile	= **gentilissima**
I primi clienti sono arrivati	molto presto	= **prestissimo**
Il pranzo è stato	molto buono	= **buonissimo** = **ottimo**
Questo piatto è	molto cattivo	= **cattivissimo** = **pessimo**
Hai lavorato	molto bene	= benissimo	= ottimamente
Ti sei preparato	molto male	= malissimo	= pessimamente

18.6. COMPARATIVI E SUPERLATIVI IRREGOLARI

Il Rosso di Montefalco è un vino **buono**.	positivo
Il Barolo Anforio però è **più buono/migliore**.	comparativo
Il Brunello di Montalcino è **il più buono/il migliore**.	superlativo relativo

cattivo	grande	piccolo	positivo
più cattivo/**peggiore**	più grande/**maggiore**	più piccolo/**minore**	comparativo
il più cattivo/ il **peggiore**	il più grande/ il **maggiore**	il più piccolo/ il **minore**	superlativo relativo

§ 19   I pronomi combinati

(io)	mi		me	
(tu)	ti		te	
(noi)	ci	+ lo, la, li, le, ne →	ce	+ lo, la, li, le, ne
(voi)	vi		ve	

*(lui)	gli	lo	
*(lei/Lei)	le/Le	la	
*(loro)	gli/loro +	li	→ glielo/gliela/glieli/gliele/gliene
(Loro)	gli/Loro	le	
		ne	

Esempi:

La birra? **Me l'**hai/ha portat**a**?   –   Sì, **te l'**ho portat**a**.
                                          Sì, signore, **gliel'**ho portat**a**.

Il vino? **Ce l'**avete decantat**o**?   –   Sì, **ve l'**abbiamo decantat**o**.
                                          Sì, signori, **gliel'**abbiamo decantat**o**.

La lettera? **L'**avete dat**a** a Pino?   –   Sì, **gliel'**abbiamo dat**a**.
Il telegramma? **L'**avete dat**o** a Lucia?   –   Sì, **gliel'**abbiamo dat**o**.

§ 20   Indicativo: imperfetto

20.1. VERBI REGOLARI

Prenotare	**Leggere**	**Servire**
prenot-avo	legg-evo	serv-ivo
prenot-avi	legg-evi	serv-ivi
prenot-ava	legg-eva	serv-iva
prenot-avamo	legg-evamo	serv-ivamo
prenot-avate	legg-evate	serv-ivate
prenot-avano	legg-evano	serv-ivano

20.2. VERBI IRREGOLARI

bere	– bevevo
dare	– davo
dire	– dicevo
fare	– facevo
proporre	– proponevo
stare	– stavo
tradurre	– traducevo

Essere	**Avere**
ero	av-evo
eri	av-evi
era	av-eva
eravamo	av-evamo
eravate	av-evate
erano	av-evano

20.3. L'IMPERFETTO SI USA

1. Come forma di cortesia nelle domande e nelle risposte, di solito con i verbi **volere** e **desiderare.**
Esempi: Volevo qualche indicazione come passare una breve vacanza-cura.
Che cosa desiderava sapere, signora?

2. Per esprimere la durata di un'azione nel passato, o per esprimere una caratteristica in generale (di solito con i verbi "avere", "essere", "stare".
Esempi: Ieri il tempo era bello ma io, purtroppo, stavo male.
Da piccolo Gaetano aveva i capelli biondi.

3. Per indicare la ripetizione di un'azione per abitudine.
Esempi: Quando ero a Montecatini andavo alle terme tutte le mattine e dopo facevo sempre una passeggiata distensiva.
Quando Maria lavorava al Grand-Hotel la governante la rimproverava sempre perché non puliva bene le camere.

Osservate:

Ieri stavo male.

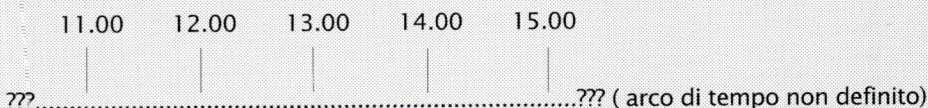

| 11.00 | 12.00 | 13.00 | 14.00 | 15.00 |

??? ....??? (arco di tempo non definito)

Ieri sono stato male.

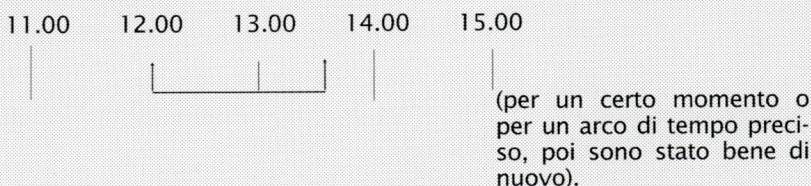

| 11.00 | 12.00 | 13.00 | 14.00 | 15.00 |

(per un certo momento o per un arco di tempo preciso, poi sono stato bene di nuovo).

---

4. Per indicare il tempo in cui si è svolta un'altra azione di durata più breve (l'altro verbo è al passato prossimo).
Esempi: Ero di passaggio e ho deciso di fermarmi qui.
Quando ero a Montecatini ho conosciuto il mio futuro marito.
Ho scelto una stazione termale perché volevo riposare.

5. Per indicare azioni della stessa durata (tutti e due i verbi sono all'imperfetto).

Esempi: Mentre Pino serviva al tavolo n. 8 osservava anche gli altri clienti.
Mentre il maître controllava la lista dei vini, i camerieri apparecchiavano.

Osservate:

Quando lo chef è entrato in cucina Gaetano e gli altri giocavano a carte.

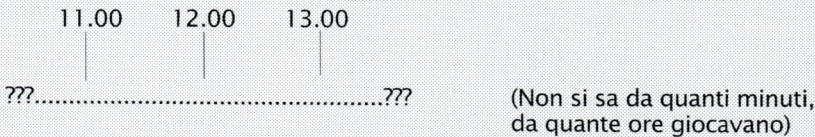

| 11.00 | 12.00 | 13.00 |

???...................................???   (Non si sa da quanti minuti, da quante ore giocavano)

Quando lo chef è entrato in cucina Gaetano ha nascosto le carte.

| 11.00 | 12.00 | 13.00 |

(In quel preciso momento)

X

---

§ 21   Indicativo trapassato prossimo

Il trapassato prossimo si forma con l'imperfetto di "avere" o "essere" ed il participio passato del verbo principale:

Esempi: Ero sicuro che quel giorno non **avevo telefonato**.
E' ritornata la signora tedesca che **era venuta** già l'anno scorso.
La sera i camerieri erano stanchi perché **avevano servito** a un banchetto.

§ 22   Pronomi relativi

22.1. «CHE»: SINGOLARE E PLURALE

Singolare		«CHE» =	«IL QUALE, LA QUALE»
Soggetto			
Lavoro in un Hotel Assisi è una cittadina	che che =	il quale la quale	è molto grande. è famosa in tutto il mondo.
Oggetto			
Il tennis è lo sport La cura idropinica è una cura	che che =	il quale la quale	preferisco. consiglierei a tutti.
Plurale		«CHE» =	«I QUALI, LE QUALI»
Soggetto			
Questi sono i documenti Mi piace osservare le persone	che che =	i quali le quali	ci occorrono. passano.
Oggetto			
Deve seguire i consigli Non mi piacciono le sigarette	che che =	i quali le quali	Le ha dato il medico. fumi.

22.2. CUI COME COMPLEMENTO INDIRETTO

PREPOSIZIONE + CUI			=	PREPOS. ARTICOLATA + QUALE, QUALI	
Complemento indiretto					
Singolare					
Questo è il signore	a	cui =	al	quale	devi consegnare la chiave.
E' questa la signora	a	cui =	alla	quale	hanno rubato il portafoglio?
Il ragazzo	con	cui =	con il	quale	esce Valeria è un artista.
L'Hôtel	in	cui =	nel	quale	lavoro è molto grande.
Plurale					
Non conosco i signori	da	cui =	dai	quali	mi vuoi portare a cena.
Questi sono i collaboratori	su	cui =	sui	quali	faccio affidamento.
Le ragioni	per	cui =	per le	quali	insisto sono le seguenti: ...
Ho risolto i problemi	di	cui =	dei	quali	ti avevo parlato.

22.3. CUI COME COMPLEMENTO DI SPECIFICAZIONE

Osservate:

In Italia ci sono numerose **località termali** le **cui** acque sono famose in tutto il mondo.

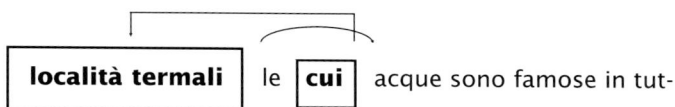

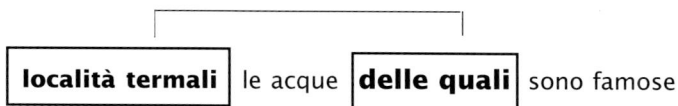

Oppure:

In Italia ci sono numerose **località termali** le acque **delle quali** sono famose in tutto il mondo.

L'Hôtel "Paradiso",	il cui	servizio	accurato		è noto, si trova ad A.
L'Hôtel "Paradiso",		il servizio	accurato	del quale	è noto, si trov ad A.
La cura,	i cui	effetti	benefici		sono notevoli, dovrebbe durare 3 settimane.
La cura,		gli effetti	benefici	della quale	sono notevoli, dovrebbe durare 3 settimane.

22.4. CHI

CHI =	COLUI CHE			
	COLEI CHE	soffre	di reumatismi	dovrebbe fare una cura termale
COLORO CHE		soffrono		dovrebbero
LE PERSONE CHE				

I fanghi termali sono indicati per	chi		
	colui che	soffre	di reumatismi.
	colei che		
	coloro che		
	le persone che soffrono		

22.5. QUELLO CHE = CIÒ CHE

E' proprio	quello che	cerco.
Non capisco		dici.
Ragazzi, non potete fare tutto	ciò che	volete!

§ 23   Il congiuntivo presente

23.1. ESSERE

che { io / tu / *lui,lei,Lei } sia   che { (noi) / (voi) / *(loro,Loro) } siamo / siate / siano

AVERE

che $\Big\{$ io / tu / *lui, lei, Lei abbia che $\Big\{$ (noi) abbiamo / (voi) abbiate / *(loro, Loro) abbiano

23.2. IL CONGIUNTIVO PRESENTE E I VERBI REGOLARI

	PRENOTARE	LEGGERE	SERVIRE	SPEDIRE
io,tu *lui, lei, Lei	prenoti	legga	serva	spedisca
(noi)	prenotiamo	leggiamo	serviamo	spediamo
(voi)	prenotiate	leggiate	serviate	spediate
*(loro, Loro)	prenotino	leggano	servano	spediscano

che $\Big\{$

23.3. IL CONGIUNTIVO PRESENTE E I VERBI IRREGOLARI

	ANDARE		POTERE		DIRE	
	presente	congiuntivo	presente	congiuntivo	presente	congiuntivo
io, tu lui, lei, Lei (noi) (voi) (loro, Loro)	vado andiamo	vada andiamo andiate vadano	posso possiamo	possa possiamo possiate possano	dico diciamo	dica diciamo diciate dicano

23.3.1. *Eccezioni:* dare: dia, stare: stia, sapere: sappia ecc.

NB: Poiché le forme delle prime tre persone coincidono il pronome personale va sempre espresso.

23.4. L'USO DEL CONGIUNTIVO PRESENTE

Credo **Penso** **Mi sembra** **Non so** **Spero** **Sei sicuro**	che ci **sia** un errore. che Lei **abbia** ragione che **venga** anche Luisella. quanto **costi**. che **possiate** aiutarmi. che non ci **siano** errori?	Opinione soggettiva, incertezza, dubbio, ecc.
Sono felice **Temo** **Mi dispiace**	che (tu) **sia** qui. che l'autobus non **arrivi** in tempo. che (Lei) **debba** già andare.	Partecipazione affettiva, timore, desiderio, ecc.
Sembra **E' possibile** **E' un peccato**	che il direttore ci **voglia** parlare. che oggi **lavorino**. che **piova** sempre.	Espressioni impersonali
Benchè/sebbene piova, i turisti vogliono fare la gita. Ti presto la macchina **a condizione che/a patto** **che/purchè** (tu) non lo dica a nessuno. Gaetano nasconde la carte **prima che** il cuoco arrivi. Vi voglio aiutare **affinché/perché** finiate prima.		Congiunzioni

In questa lista alfabetica vi sono elencati i vocaboli dei dialoghi e degli esercizi del libro principale. La lista non contiene le parole già elencate nelle tabelle illustrative (numeri, mesi ecc.), né quelle degli esercizi di comprensione scritta ed orale né i termini grammaticali. Questi ultimi si trovano, comunque, nell'indice della grammatica di riferimento. Tuttavia tutti questi vocaboli sono contenuti nei glossari contrastivi. Le lettere ed i numeri dopo ogni vocabolo indicano l'unità e la sezione del libro principale dove esso compare per la prima volta.

Le parole in **grassetto** fanno parte della lista del CERTIFICATO D' ITALIANO (ICC).

A

a I B4
a campana V C7
a destra II A1
a partire da VI A2
a presto! I A1
a righe V C7
a risentirLa VI A1
a sinistra II A1
abbastanza I A4
abbigliamento IX B4
abbinamento VIII A4
abbinare III A5
abitare I A4
abito da sera V C7
accanto a II B8
accendere VI B7
accettare I C1
accomodarsi VII C1
accompagnare VI B6
accordo VIII A2
aceto VII A8
acido III A5
acqua corrente I C1
acqua dolce VII A8
acqua I C1
acqua minerale gassata II A6
acqua naturale II A6
adatto IX B4
addebitare IX C4
adesso I A1
adulto (sost.) II B1
aerobica IX A10
aeroporto IX C2
affatto
affermazione V C10
agenda V C3
agenzia di viaggi II B8
aggettivo III A5

aggettivo possessivo V C5
aggiungere II C4
agitato VI C3
aglio VII A5
agosto VI A1
agro-dolce VII A7
aiutare V C4
albergo I A2
alcolico VIII A9
alcool VIII B4
alcuno (agg.) IX C1
alfabeto I A7
alimento VII A6
alla fiorentina VIII A5
alla romana VII C1
alla spina VIII B5
allo spiedo VII A6
alloggiare V C8
allora II A1
almeno VII A2
alto VI C3
altrettanto I A1
altro IV C1
alzarsi IV B1
americano IX A9
amico VI B4
analcolico VII A3
anche II A1
ancora I B1
andare II A1
andata IV A8
angolo IX A11
animale domestico I C1
annata VIII A1
anno I A3
annotare IV A2
annotazione IV C5
antipasto VII A3
aperitivo V B5
apparato digerente IX A1

C

c'è I A4
cabina II B9
cacciagione VIII A2
cadere VII A6
caffè II A2
caffè macchiato III C3
caffetteria V B2
Calabria VIII A2
caldo III A5
calice II A3
calzino V C7
cambiare IV A7
camera I B1
cameriera I A1
cameriere I A2
camicia da notte V C7
camicietta V C7
camminare IX A5
campagna V B5
campo di tennis I C1
cancellare V C10
cane I C1
cannone IX B3
capello VII B3
capocameriere II A1
capocuoco IV C1
Capodanno V A5
caporicevimento I A2
caposervizio IV C1
cappelleria V C1
cappello V C7
cappotto II B10
cappuccino III A4
caraffa II A3
caratteristico V B5
carne III B1
caro V C2
carosello IX B1
carta d'identità I B1
carta di credito VII C1
carta igienica VI B/
carta VI B/
cartina VI C5
cartolina IX A9
cartoncino V C8
caso II B10
cassa VII C1
cassaforte IX C1
cassetto VI B1

castello IX A8
categoria I C1
catena III A4
cattivo III A5
cavallo IX A8
cena V A1
cenare V A1
cento II B1
centonove II B1
centralizzato I C1
centro I C1
cercare II B10
certamente I C4
certo II A1
cestino VI B1
champagne II A3
che cosa I C1
che I A4
che ore sono? IV A3
chef VI B2
chi VI A2
chiamare VI A1
chiamarsi I A1
chiaro VIII A4
chiave II B10
chiedere I B5
chiesa IX A9
ci (avv.luogo) II A1
ci (pron. rifl.) IV B6
ciao I A1
ciascuno (agg.) II B7
cielo VI C2
cinema IV B6
cinquanta V A1
cinquantacinque II B1
cinta V C7
cioccolata III A2
cipolla VII A5
cipollina VII A7
città I A4
classificare IX A2
cliente VI B4
coca-cola IV B7
cocktail VIII B1
cognome I C6
coincidenza IV A7
collega II B9
colore VIII A1
colorire VII A6
coloro IX A1
Colosseo V A5

dieta IX A10
dietro   II B8
dimagrante IX A10
dimenticare IV C1
diplomatica VC 2
dire III A7
direttamente II B8
Diretto IV A8
direttore I A2
discoteca IV A1
discutere   V C5
disegnare IV A5
disegno II B7
dispiacere (verbo) I C4
disporre I C3
disposizione II AB8
dissetante VIII B1
disteso IX B1
distributore IX A9
distribuzione V B2
ditta IX C6
ditta produttrice   VIII A9
diverso VII A6
divertirsi IV B6
doccia I B1
documento I B1
dolce (agg.) II A5
dolce (sost.) VII A9
dolcificante III A2
dollaro VII C1
domanda I A5
domandare I C7
domani V A1
domenica IV A1
domicilio IX C6
dopo II B5
dopodomani V A3
doppio I B2
dorato VII A6
dormire IV A1
dottore I B5
dottoressa I B5
dove I A1
dovere IV C3
dritto IX A11
due I B2
dunque VII A 4
durante IV A2
duro III A5

E

e I A1
eccellente VIII A5
ecco II C1
edicola II B10
efficace IX A1
enoteca VIII A1
errore IV C1
esatto VI A1
escursione V C6
esempio I B4
esercizio (= albergo) I C1
esercizio I A2
espressione VI B8
essere I A1
estate VI C6
età V C5
etichetta VIII A9
eurocheque VII C1
Europa VI C5
evaporare VII A5

F

facoltativo V B5
falso V C10
famiglia V C4
famoso I A4
fango IX A1
fare I A1
fare il bagno VI C4
fare la **maglia** IV B8
fare le compere IX A8
fare le spese IVA1
fare presto IV C1
farina VII A11
farmacia IX A9
farsi la doccia IV B1
faticoso VI B2
fattura IX C6
fax VI A1
fazzoletto V C3
fegato IX A1
fermarsi V C8
festa VI B5
fetta III A10
filetto   VII A7
film IV C2
fine VI A1
finlandese I B6

lista IV C2
listino VIII B3
litro VII A4
lo (art.) I A2
lo (pron.dir.) IV B6
locale (agg.) IV A7
locale V A5
località IX A7
lontano IX B5
Loro (pron. indir.) VII A2
loro (pron. pers.) IV B6
luce VI B7
lucidare VI B1
lui I B4
lunedì IV A1
lungo II B5
luogo I C1

M

ma I A4
macchiato III C3
macchina fotografica V C3
macchina IX A9
macedonia VII A3
madre V C4
magazzino IX B4
maggio V A1
maggiore VII A5
mai V C5
maiale VII A9
maître II A1 .
malattia IX A1
male (avv.) I A4
malto VIII B5
manager I A2
mancare VI B7
mandare VI B7
maneggio IX A8
mangiare II B9
mano V C2
marca VIII A2
marciapiede IX A10
marco VII C1
mare I C1
margarina VII A11
marito VI A1
marmellata III A2
martedì IV A1
marzo VI A2
massaggio IX A10

matrimoniale V C10
matrimonio IV A1
mattina IV A1
mattinata IV A7
mattino IX A1
me (pron. indir.) II B10
melone VII A3
ménage II A1
meno IV Af3
menu IV C1
mercato VI B2
mercoledì IV A1
mescolare VII A6
mese I B1
mestolo VII A6
metà VI A1
metereologico VI C5
metro I C1
mettere II A1
mezzanotte IV A3
mezzo IV A3
mezzogiorno IV A3
mi (pron. rifl.) I A1
mi (pron. dir.) IV B4
mi (pron. indir.) III A7
miele III A2
migliorare VI C2
milanese VII A7
Milano I A3
mille VI A1
minestra II A5
minidialogo I B6
minuto VII A5
mio II B10
miscela VIII B3
mischiare V C8
mise en place II A4
modello IX A11
modo II B7
modulo VI A2
moglie V C5
molle III A5
molto (agg.) II B5
molto (avv.) I A3
momento VI A1
mondo III B1
moneta I C1
monolocale IX B5
monosci IX B1
morbido III A5
mosso (agg.) VI C3

motivo **IX A6**
muesli III A2
municipio IX A11
museo IX A8
musica IV B8

N

Napoli. I A1
nato I B3
naturale VIII B5
naturalmente.II A1
ne (pron. part.) III A9
neanche VI B4
nebbia VI C3
nebbioso VI C3
necessario II B9
negozio IX A9
nei dintorni IX A11
nei pressi IX A11
nero V C7
nervoso IX B1
nessuno VI C7
neve VI C3
nevicare VI C3
niente III A7
night club V B2
no I A3
noi (pron. indir.) V A1
noi (pron. pers.) II B1
noleggiare IX B4
nome I A6
non I B6
nostalgia V C4
nostro V A3
nota II B2
notte I A2
nove II B1
numeri ordinali V B1
numero I B1
numero di telefono II C4
nuovo I A1
nuvola VI C3
nuvoloso VI C3
nuziale V B2

O

o I B1
occasione VIII A1
occhiali V C3

occorrere II C1
officina IX A9
offrire I C2
oggi II B1
ogni I C3
olandese I B6
oliera VI B6
olio VII A5
oliva III B1
onda VI C3
opera lirica IX A8
operaio VI B7
operatore turistico I A2
oppure VII A2
ora (avv.) I A4
ora IV A5
orario V C3
ordinare III A3
ordinazione III C3
ordine IV C1
organizzare IX A3
organo IX A10
organoletticoVIII A4
originale VIII B4
orizontale VIII A8
orologio IV A3
Orvieto VIII A2
ospedale IX A11
ospite II B1
osservare I B3
osservatorio panoramico V B2
ottimo VI A1

P

pacchetto VII A 11
pacco VII A11
padre V C4
paese II C2
pagella V C8
pagina III A3
paglierino VIII A2
paio V C7
palestra I C1
pancetta III A2
pane III A2
pane grattugiato VII A6
panetteria IX A9
panino II B9
panna III A2
papillon V C7

parcheggio IX A11
parco I C1
parlare I C4
parmigiano VII A6
parrucchiere I C1
parrucchieria IX A9
parte VII A5
partecipare IX A3
partenza V A1
partire IV A7
passaggio IX A1
passaporto I B1
passare VII A6
passato prossimo VI B4
passeggiata V B2
pasta III A9
pastasciutta VII A7
pasto III B1
patente I B1
pavimento VI B1
pazzo (agg.) III C1
pecorino III B1
pedonale IX A8
pendìo IX B6
penna V C3
penne (pl.) VIII A5
pensione I C1
pepe VII A5
peperone VII A5
per caso II B10
per cortesia I A6
per esempio IX A1
per favore I A6
per I A6
perché IV A1
perfettamente VIII A5
periodo IX B5
pernottamento V A1
pernottare V A1
però IV A7
persona II B5
personale IV C1
Perugia I A4
pesce I C1
pettinarsi IV B1
pettine V C3
pezzetto III A10
pezzo III C1
piacere! (sost.) I A3
piacere (v.) IV B7
piano (agg.) II A1

piano I A2
piano-bar V B2
pianta V B2
piantina II B8
piattino II A5
piatto (=pietanza) I C3
piatto (oggetto) II A1
piatto fondo II A1
Piazza Navona V A5
piazza V A5
piccante III B1
piccole colazioni IV A1
piccolo I C1
Piemonte VIII A2
pieno IX B5
pietanza VII A8
pioggia VI C3
piovere VI C2
piscina coperta I C1
piscina I C1
pista IX B1
pittura IX A8
più II B3
pizza IV B6
poco VIII C2
poi II A1
polacco I B6
pollame VII A6
pollo VII A5
polveroso IX B6
pomeriggio IV A1
pomodoro IV C1
pompelmo III A1
porta III A3
portacenere VII A3
portafoglio V C4
portare III A7
portiere I A2
portineria I C4
porzione III A2
posata II A1
posizione VIII A8
possibile I B1
posta IX A9
posto II C4
potere I A6
pranzare V A2
pranzo II A1
praticamente IX B4
praticare IX A2
pratico VIII A9

Rimini I C1
ringraziare IX A1
ripassare IX C3
ripido IX B6
riscaldamento I C1
riso III B1
risotto VII A4
rispondere I B3
risposta II B10
ristorante I C1
risveglio IX A1
ritirare IX C1
ritornare V B5
ritorno IV A8
riunire IV C1
Roma I B4
romano V B5
rosato VIII A2
rosolare VII A5
rosso II A3
rosso rubino VIII A1
rubare IX A9
rubino VIII A2
rullino V C3
rumoroso IX C2
russo I B6

S

sabato IV A1
sacca da viaggio V C7
sala cinematografica V B2
sala I C1
salame III A2
salato VII B2
sale VII A5
salsa VII A6
salutare I A1
salute IX A6
San Silvestro V A5
sangue IX A6
sapere II A1
sapone VI B7
sapore VIII A1
sauna I C1
sbagliare VI B5
scala VI B2
scarpa V C7
scegliere VII A2
scheda I C6
schiuma III A7

sci alpinismo IX B1
sci estremo IX B1
sci IX B1
sciare VI C4
sciistico IX B3
scollato V C7
scoppiare VI C7
scorrere VI C7
scorso VI A1
scotto VII B1
scrivere I A6
scuola VI B4
scuro VIII C2
scusa VI B8
scusare I A6
se VI B7
secco VII A5
secondo (prep.) VI C2
secondo (num. ord.) V A6
secondo (sost.) VII A2
segretaria I A2
selezionare II C1
seme VII A5
sempre II A1
sentire I C7
sentirsi V A3
senz'altro V A3
senza I B1
serata IX B6
servire IV A1
servizi (pl.) V B2
servizio V C4
seta V C7
sete VIII B1
sette IV B4
settimana I B1
settimo V B2
sgridare VI B5
si (pron. rifl.) I A4
si (impers.) II A1
sì I A1
sia ... che VIII A5
sicuro IX B3
sigaretta V C3
significato VI B8
signora I A4
signore I A5
signorina I B5
sillabare I A6
simile VII B2
singolo I B1

sistemare VI B6
situazione VI B9
skikindergarten IX B6
skipass IX B2
sled- dog IX B6
slitta IX B6
snow surf IX B1
soffrire IX A1
soggiorno (fig.) IX A1
soggiorno II B8
soldi (pl.) V C3
sole V C4
soleggiato VI C3
solitario IX B1
solo III B1
soltanto IV A4
sopra II A1
soprattutto V C4
sorella V C4
sorso IX A1
sorteggiare V C8
sostantivo III A5
sottostante VII C3
souvenir II B10
spaghetti IV B7
specchio VI B1
speciale V C5
specialità I C1
spedire IV C2
spelling I A6
sperare IX B5
spettacolo IV C3
spezia VII A6
spiaggia I C1
spicchio VII A5
spiccioli II B10
spiedo VII A6
spiegare I C2
splendere VI C3
spolverare VI B1
sporco (agg.) VII C3
sport IX A2
spremuta II A6
spumante II A3
stabilimento IX A1
stagione IX A1
stamattina VII B2
stampato III A3
stampella VI B7
stanco VI B2
stanotte VI C7

stanza II C1
stare I A4
stasera IV B6
statistica VIIIC1
stazione IV A7
stesso VI B8
storia IX A10
strada VI C4
straniero I B6
stretto V C7
studente I A2
studentessa I A2
su V C8
subito IV B1
succedere IX C4
succo II A6
suggerire VIII A5
sugo IV C1
suite VI A2
suonare IV B1
superficie VII A6
supplementare VI A2
supplemento V A5
surf VI C4
svedese I B6
sveglia IV B1
svegliare IV A6
svegliarsi IV B2

T

tabaccheria IX A9
tagliare IV C1
tanto IV B6
tappato VI B7
tappo VII B3
tardi IV A1
tardo IX A1
tassì IV C1
tavola II A1
tavolo II A1
tazza II A5
tazzina II A5
tè II A5
teatrale IX A10
teatro IV C3
tecnico (agg.) VII.A6
tecnico (sost.) VI B7
tedesco I B6
telefonare II C1
telefonata. II B9

telefono I C1
telegramma II B10
televisione I C1
temperatura VI C2
tempo (met.) VI C1
tempo IV B6
temporale VI C3
terapia IX A1
termale IX A1
terme I C1
terminologia VII A6
terzo V A6
testo IX A7
ti (pron. dir.) IV B6
ti (pron. rifll.) I A1
tipico IV A1
tipo VII B2
tirare VI C3
toast III A9
Torino VI A1
tornare II B9
torta VII B1
tortellini (pl.) VII A2
toscano I C3
tostare III A2
tovaglia II A1
tovagliolo II A1
tra II A1
tracciare IX B6
trainare IX B6
tranquillo VI A2
trascorrere IX A5
trasteverino V A5
trattamento IX A1
trattoria V C4
travellercheque VII C1
tre IV A3
treno IV A7
Trinità dei Monti V A5
tritare VII A5
tritatutto VII A6
tropicale VIII B5
troppo IV B6
trota VII A7
trovare II B9
trovarsi I C3
truccarsi IV B1
tu I A1
tuono VI C3
turco III B1
turista V A2

turistico V B5
tutto II C3
TV I C1

U

ufficio IX C6
ultimo IV C1
Umbria VIII A2
umore V B4
un I B1
un pò III A1
una I A4
unità I A1
uno III A9
uovo alla coque III A2
uovo III A2
uovo in camicia III A2
uovo lesso III B1
uovo sodo III A2
usare I A5
uscire IV B2
utilizzare II 94

V

va bene! VI A1
vacanza V A3
valigia IV C1
valle IX B1
variabile VI C3
variare I L6
vario II B8
vario V B2
vasca da bagno I B1
vasetto VI A11
Vaticano V B5
vecchio III A5
vedere IV B6
veglione V A5
vellutato VIII A1
venerdì IV A1
Veneto VIII A2
venire III B1
ventiquattrore V C1
vento VI C3
ventoso VI C3
veramente IV B6
verde VII A7
verdognolo VIII A8